Baumgardt Wege zum Frausein heute

W

Ursula Baumgardt

Wege zum Frausein heute

Träume und Bilder einer Analyse

Walter-Verlag Olten und Freiburg im Breisgau

2. Auflage 1986

Gesamtherstellung in den grafischen Betrieben
des Walter-Verlags
Printed in Switzerland

ISBN 3-530-04801-1

Inhalt

Vorwort

Wir leben in einer Zeit des Aufbruchs: Alte Werte verlieren ihre Gültigkeit, neue entstehen nur allmählich. Auf der Suche nach neuen Standpunkten müssen neue Schwerpunkte gesetzt werden. Veränderungen lösen immer auch Unsicherheit und Angst aus. Reaktionäre Kräfte werden laut, so daß es gilt, sich im Spannungsfeld konservativer und verändernder Tendenzen den Fragen der Zeit zu stellen.
Innerhalb dieses Spannungsfeldes spielt sich auch die heutige Diskussion um Wesen und Bedeutung der Frau ab. Mein Buch sehe ich als Beitrag zu dieser Diskussion, indem ich meine, daß gerade die Tiefenpsychologie, insbesondere in den Ansätzen von C.G.Jung, hier Wesentliches beizutragen hat. Ich schreibe aus der Sicht einer Frau, einer Psychotherapeutin und Analytikerin, zum Thema des Frauseins heute. Ich unterscheide mich an verschiedenen Stellen von der herkömmlichen Auffassung der analytischen Psychologie, obwohl ich immer wieder von ihr ausgehe. Als weibliche Analytikerin ist es mir von zentraler Wichtigkeit, aufzuzeigen, daß weibliches Leben nur dann sinnvoll ist, wenn der Frau in ihrer Unterscheidung zum Mann Gleichwertigkeit in der Andersartigkeit zugestanden werden kann.
Das Buch richtet sich daher an Frauen und Männer, die einen Weg suchen, der aus der schädlichen Einseitigkeit patriarchalen Denkens hinausführt. In jeder Auseinandersetzung mit den eigenen seelischen Gegebenheiten kann uns immer wieder von neuem deutlich werden, daß in der menschli-

chen Psyche sowohl weibliche wie männliche Kräfte am Werk sind. Vitalität entsteht nur und nährt sich aus der Spannung dieser Gegensätze. Einseitigkeit, das heißt jeder Primatsanspruch, führt zu Spaltung, die immer auch einen Vitalitätsverlust beinhaltet.
Anhand der Aufzeichnung einer Analyse wird der Entwicklungsweg einer Frau in der Lebensmitte dargestellt. Die einzelnen Kapitel zeigen einzelne Phasen im analytischen Prozeß auf, die mit Hilfe von Träumen, Zeichnungen und Märchen der Analysandin festgehalten werden. Die Lektüre des Buches gewährt damit auch Einblick in die Interpretationsweise von Träumen, Bildern und Märchen. Das Buch richtet sich ebenso an interessierte Laien – Frauen und Männer – wie an Psychologen, Psychoanalytiker, Psychotherapeuten und Studenten.
Das Werk entstand aus den Erfahrungen in der Arbeit mit Analysandinnen und Analysanden sowie dem Gedankenaustausch mit Kolleginnen und Kollegen. Besonders danke ich Silvia M., die mir das Material für dieses Buch zur Verfügung gestellt hat. Mein Dank gilt insbesondere auch Ingrid, Antje, Heike und Leo für ihre Hilfe.

Zollikon, im November 1984

Vertrocknete Erde

Lebensmitte – Ende oder Anfang?

In diesem wie in den folgenden Kapiteln wird der Weg einer Frau aufgezeichnet, die in der Mitte ihres Lebens aufgrund ihrer seelischen Not die Hilfe in der psychotherapeutischen Praxis aufgesucht hat. Träume und Zeichnungen, die im Laufe dieser Analyse entstanden sind, zeigen einen Weg der Entfaltung auf, den ich aufgrund meiner bisherigen therapeutischen Erfahrung als exemplarisch bezeichnen möchte. Der Leser erhält Einblick in den Ablauf eines inneren Geschehens, das sich vielleicht nicht immer rational fassen läßt und dennoch für den betroffenen Menschen insofern vollkommen real ist, als von ihm eine nachhaltige Wirkung ausgeht.
Unter dem Pseudonym Silvia M. hat man sich eine 45jährige Frau, Mutter zweier Kinder, vorzustellen. Als junges Mädchen hat sie seinerzeit nach bestandener Matura entgegen dem dringlichen Wunsch ihrer Mutter kein längeres Hochschulstudium absolviert. Sie ist Lehrerin geworden und hat damit jenen Beruf gewählt, den ihr Vater erlernt, aber infolge Stellenlosigkeit aufgegeben hatte. Vor ihrer Heirat hat sie den Beruf einige Zeit ausgeübt. Zu Beginn der Therapie ist sie ausgesprochen depressiv. In der ersten Sitzung erzählt sie einen Traum, der unmißverständlich einzelne Aspekte einer tiefen Depression zum Ausdruck bringt. Er hat sie so sehr aufgewühlt, daß sie ihn nicht vergessen konnte; ja, er hat in ihr eine derart bedrängende innere Unruhe ausgelöst, daß sie diesem Zustand ein Ende setzen wollte, indem sie sich für eine Psychotherapie entschloß.

Der Traum, durch den eine lange innere und äußere Entwicklung ausgelöst worden ist, lautet folgendermaßen:

Ich gehe über flache, staubige Felder, die alle einzeln mit Stacheldraht eingezäunt sind. Auch die Wiesen sind eingezäunt. Alles ist vertrocknet und sehr staubig. Es ist sehr heiß und ich habe großen Durst. Ich gehe immer weiter, da sehe ich Tiere auf einer Weide, es sind wohl Kühe. Ich denke, sie schlafen in der Mittagshitze. Als ich aber näher komme, sehe ich, daß sie tot sind. In der Ferne kommt nun ein Traktor herangefahren, der eine Riesenwolke von Staub aufwirbelt.

Ein Traum spricht in Bildern zu uns. Es sind dies Bilder, die von unserer eigenen inneren Welt künden; sie sind ein getreues Abbild seelischen Geschehens, das uns allnächtlich erreicht – im Übergang vom eben vergangenen zum neuen Tag.

Der Traum der Silvia M. löst Verwunderung aus. Felder, Wiesen, Weiden als Ort des Traumes führen uns in die freie Natur hinaus. Erinnerungen an Wanderungen steigen hoch; vom Winde bewegte, reifende Kornfelder erstehen vor unseren Augen, der schmale Pfad durch eine saftig grüne blühende Wiese lockt uns aus der Enge der Stube in die weite Welt hinaus, die Weide lädt zum Verweilen unter freiem Himmel ein. Die Schilderung der Natur im Traum läßt uns aber aufhorchen: Die flachen Felder künden nicht von der bevorstehenden Ernte. Obwohl die Träumerin schon einen großen Teil ihres Lebens hinter sich gebracht hat und eine Ernte bevorstehen könnte, erzählt der Traum nicht von einem reifen Kornfeld. Trocken und staubig zeigt sich die Natur. Eine Dürre droht. Der Boden ist derart ausgetrocknet, daß er staubt. Die Erde ist vertrocknet, so daß die Frucht der im vorangegangenen Herbst oder Frühjahr bestellten Felder nicht zur Reife kommen kann.

Schulische Bildung, Heirat, Kinder – das folgerichtige Be-

schreiten eines durch die Gesellschaft vorgezeichneten Weges – sind noch lange keine Garanten für das innere Erblühen einer Frau.
Kein Feldweg führt an ein sicheres Ziel. Die Träumerin muß den Weg durch die dürre Einöde selber finden.
Weglosigkeit beschwört viele Gefahren herauf: Hat es einen Sinn, sich überhaupt zu bemühen, einen Weg zu finden? Wird man dereinst wohl einmal ein Ziel erreichen? Weder Staub noch Hitze halten jedoch die Träumerin von ihrem Tun ab. Erst im Schreiten wird sie inne, daß die Felder nicht frei daliegen. Sie sind alle voneinander durch Stacheldrahtzäune abgetrennt.
Wer kennt sie nicht, die Durststrecken im eigenen Lebenslauf? Wer weiß nicht um die heimliche Verzweiflung, das innere Auf und Ab, aufzugeben oder durchzuhalten? Wer kennt nicht die stille Wut oder gar das laute Aufschreien über die scheinbare Ungerechtigkeit des Schicksals, das nach so viel Kampf und Einsatz uns erneut oder immer noch trotz unseres Alters und alles bisher Erreichten auf eine Durststrecke schickt? Wie rasch steigt da der Neid gegenüber Nachbarn, Bekannten oder Verwandten hoch, denen sich das Leben in offenbar freundlicherer Form zeigt, denen die harten, oft alle Energien raubenden inneren Auseinandersetzungen scheinbar erspart bleiben!
Solche Durststrecken treten gern in Zeiten auf, da es gilt, sich neu zu orientieren, ohne daß man sich des Zieles bereits ganz bewußt geworden ist. Ein innerer Drang quält und bedrängt uns so lange, bis er uns zum Eingreifen, zum Handeln zwingt. Durststrecken manifestieren sich gern in Form von Depressionen. Die Energie, den äußeren Anforderungen des Lebens gerecht zu werden, fehlt in solchen Augenblicken oft, die Lebenskräfte schwinden, Hoffnungslosigkeit befällt uns. Wir fühlen uns in all unserem Tun eingeschränkt. Weil die Kräfte fehlen, können wir nichts unternehmen. Weil wir nichts unternehmen können, fühlen wir uns benachteiligt. Weil wir uns

benachteiligt fühlen, befällt uns lähmende Resignation. Eine nach außen hin unverständliche Depression hat uns befallen, die uns oft einsam macht, weil sie uns von unserer aktiven Umwelt trennt. In der Isolation scheint sich alles in uns nach innen zu richten, was sich im nachhinein öfters als notwendig erweist. Denn die Hinwendung nach innen kann allmählich den Blick für die Tatsache, daß wir Durst leiden, weil sich etwas in uns nach Veränderung sehnt, freimachen. Depressionen erscheinen oft als Vorboten einer dringenden inneren Erneuerung, die nicht selten auch eine äußere Neuorientierung nach sich zieht.

Die Frau geht über Felder – ohne Lust, ohne Freude; sie geht einfach, sie muß gehen. Dabei stellt sie fest, wie vertrocknet und eingegrenzt die vor ihr liegende Erde ist. Sie leidet unter der Hitze und hat großen Durst. Unwillkürlich schleicht sich bei uns Erbarmen, Mitleid ein: Weglos, durstig, ständigen Hindernissen ausgesetzt, ganz allein scheint hier ein Mensch herumzuirren.

Derartige Augenblicke sind gefährlich; denn sie bergen in sich die Gefahr des Aufgebens. Selbstmitleid kann uns in dieser Hoffnungslosigeit befallen und lähmen. Wir erkennen plötzlich keinen Sinn mehr in all unseren Anstrengungen, fühlen uns verlassen, im Stich gelassen und geben den Kampf auf. Das hat zur Folge, daß wir unweigerlich innerhalb einer der unzähligen Abgrenzungen steckenbleiben und rund um uns herum nur noch Grenzen sehen. Das ruft in uns das Gefühl der eigenen Begrenztheit wach und führt schließlich zu einem von der übrigen Welt abgetrennten Daseinsgefühl. Ein Kreisen um sich selbst, ein Sich-Einkreisen in den eigenen Gedanken hebt an und beraubt uns der Fähigkeit zu Kontakten, zum Erforschen von Neuland, bis es uns schließlich von der Teilnahme an der Welt ausschließt. Schnell schleichen sich Unmut, Mißvergnügen, oft sogar Verfolgungsideen ein; somatische Symptome beginnen, die seelische Unlust zu überdecken – auch wenn wir dieses kleine einge-

grenzte Feld noch so sehr als unser eigenes Gärtchen zu pflegen anfangen.
Die Träumerin – in ihrem bisherigen Leben schon jahrelang von Migräneanfällen heimgesucht – geht den unsichtbaren Weg tapfer und unbeirrt weiter, bis sie endlich auf Lebewesen stößt. Sie wähnt sich Kühen gegenüber, die wegen der Mittagshitze schläfrig geworden sind. Tiere gehören zum Menschen, sie verkörpern einen lebendigen Anteil seines Wesens. Insbesondere Kühe als stattliche Haustiere sind der Stolz eines jeden Bauern. Die Kuh genießt in vielen Kulturen eine besondere Verehrung. Als Spenderin der lebenswichtigen Milch ist sie ein Symbol mütterlicher Fülle und Geborgenheit. Im Hinduismus fließt der Kuh als Symbol der Furchtbarkeit, der Erde und des Mütterlichen schlechthin größte Verehrung zu: Sie gilt als ein heiliges Wesen, dem der Mensch entsprechend zu begegnen hat. Gebären und Ernähren als Wesensmerkmale des Mütterlichen finden sich in dem Symbol der milchspendenden Kuh wieder.
Tiere im Traum erinnern uns an unsere eigenen animalischen Anteile, die uns trotz unseres Menschseins geblieben sind: Nicht alles wird von einer scheinbar überlegenen Ratio gesteuert, Triebe und Instinkte bilden auch bei uns die Grundlage allen Seins. Auch der Mensch ist ein Teil der Natur; oft wird uns zwar der Zugang zu ihr durch Erziehung und gesellschaftliche Normen oder Überbetonung von Vernunft und Verstand verbaut. Aber ganz ablegen oder verleugnen können wir unsere kreatürliche Seite nicht. In ihrer Bejahung liegen sogar wertvolle Kräfte zur Lebensbewältigung: Instinktsicherheit kann uns vor neurotischen Entwicklungen bewahren. Bei unserem Traum muß auffallen, daß er sich ganz im Bereich der Natur abspielt: die Träumerin geht über Felder und Wiesen, über die Erde schlechthin. Die Erde als Schoß der Natur ist an sich ein Symbol für die Große Mutter, die große Gebärerin und Ernährerin. Was nun, wenn sie vertrocknet ist? Was nun, wenn die Kühe vor Hitze einfach da-

hindösen, nicht mehr fressen und demzufolge keine Milch spenden werden?
Ist die Grundlage der Träumerin, ihre Erde, ihr Boden, auf dem sie steht, das heißt ihre Lebensgrundlage, vertrocknet? Sie hat wohl noch einen Bezug zur Natur; sonst ginge sie nicht über Felder. Aber die Natur ist stumm geworden: Es rauschen keine Bäume im Wind, es wogt kein Korn, kein Bach plätschert dahin, es summen keine Bienen, es schnaufen keine Kühe. Erstarrung hat sich ausgebreitet, Einsamkeit und Todesstille umfangen die Träumerin, die in einem seltsamen Gegensatz dazu steht: Sie geht, sie bewegt sich, während ringsum sie die Welt stillsteht, reglos ist. Die Kühe scheinen zu schlafen; denn die Hitze ist lähmend. Doch beim Nähertreten zeigt sich ein Bild des Schreckens: Die Kühe sind tot. Die Hitze ist todbringend.
Mittagshitze, die Sonne steht im Zenit, regiert das Geschehen auf Erden, sie ist derart sengend, daß sie tödlich wirkt. Als eine Art Überlebende wird Silvia M. im Traum gezwungen, diese Tragödie anzuschauen: Die Felder und Wiesen der Natur, die Mutter Erde, sind vertrocknet; ihre Bewohner, die Kühe als Inbegriff mütterlichen Lebens, sind der Hitze erlegen. Schritt um Schritt bemerkt sie, wie der eigene Nährboden ausgedörrt und damit die eigene Mütterlichkeit abgestorben ist, und – gezwungen durchs Leid – wird sie von einem Drang erfüllt, der Ursache auf die Spur zu kommen. Sie hat sich auf den Weg gemacht.
Die Sonne als wärmespendendes Licht gilt als ein Symbol des männlichen Geistes. Die Sonne bringt Licht ins mütterliche Dunkel der Nacht; menschlicher Geist, menschliches Bewußtsein bringt Erhellung in die dunklen Vorgänge der unbewußten Natur. Kein Leben auf der Erde wäre ohne die Sonne möglich. Sobald aber die Sonne ausschließlich vorherrscht, wirkt sie lebensfeindlich.
Wo das rationale Bewußtsein, losgelöst vom Unbewußten, zum alleinigen Lebensprinzip erhoben wird, geht die Bezie-

hung zum mütterlichen Urgrund verloren: Die Ratio feiert ihre Triumphe über die kreatürlich-natürlichen Anteile im Menschen. Im Augenblick, da wir den emotionalen vom rationalen Bereich abspalten, erliegen wir einer gefährlichen Instinktlosigkeit.

In diesem Zusammenhang erhält die Tatsache, daß die Träumerin Durst hat und immer weitergeht, bis sie das ganze Elend erkennt, eine ganz besondere Bedeutung. Neben der überbetont rationalen Haltung, die den Lebensgrund austrocknen läßt und lebensfeindlich macht, scheint noch eine unsichtbare, vorläufig unbewußte innere Kraft am Werk zu sein, die das Ich auf den Weg schickt, weil sie nach Veränderung ruft. Durst ist die einzig richtige Reaktion auf Hitze und Ausgetrocknetsein. Sie führt – anders als ein bloß allgemein schlechtes und daher nicht genau definier- und faßbares Körpergefühl – zu zielsicherem Handeln, indem der unter Durst leidende Mensch alles in Bewegung setzt, um ihn zu löschen.

Ein Ich setzt sich in Bewegung. Es scheint seine Aufgabe zu sein, die Abspaltung und deren Konsequenzen zu erkennen, um danach die beiden durch eine Fehlentwicklung voneinander getrennten Bereiche wieder zusammenzuführen. Ein Bewußtwerdungsprozeß kündigt sich an.

Nicht nur das Ich hat sich auf den Weg gemacht, sondern im Laufe des Traumgeschehens taucht in der Ferne plötzlich ein Traktor auf. Zu ernten gibt es zwar nichts; denn alles scheint der Dürre zum Opfer gefallen zu sein. Ob wohl eine Pflugschar montiert ist, die dazu dient, den Boden aufzubrechen, damit er neu bestellt werden kann? Was tatsächlich geschehen wird, scheint vorläufig nicht festzustehen, ist doch noch nicht einmal der Fahrer des Gefährts sichtbar! Aber mit dem Aufkreuzen des Traktors bietet sich eine Möglichkeit zur Bearbeitung an. Zusätzlich zum Ich ist etwas in Bewegung geraten, das seine Entstehung menschlichem Erfindergeist verdankt und somit ein Vertreter aus dem Reich der technischen

Zivilisation ist. Sein Einsatz bewirkt Bearbeitung der Natur, was im eigentlichen Sinne der Begriff «Kultur» beinhaltet (lat. cultura: Bearbeitung, Bebauung, Anbau; Ausbildung, Veredlung; Verehrung, Huldigung).

Am Horizont, das heißt an der Schwelle zum Bewußtsein, taucht ein intaktes Arbeitsmittel auf, dessen Einsatz Veränderung durch Bearbeitung verspricht. Es wird damit deutlich angekündigt, daß dem Ich Hilfe durch eine Unterstützung widerfährt, deren Stoßrichtung noch nicht ganz klar ist. Der Schluß des Traumes ist insofern packend, als aufgrund dieses kulturellen Aspektes eine Veränderung der seelischen Lage der Silvia M. eintreten wird. Haben wir weiter oben die Sonne als versengende Kraft des Bewußtseins erlebt, so tritt hier eine durch menschlichen Erfindergeist geschaffene Maschine in Aktion, die bei ihrem Erscheinen erst einmal Staub aufwirbelt, aber in sich die Möglichkeit zur Veränderung der Traumlandschaft aufweist. Das Zusammentreffen von Natur und Kultur bleibt nie ohne Wirkung.

So stößt im letzten Teil des Traumes Kultur, das heißt Bewußtwerdung, auf reine Natur. Und dieses Zusammentreffen wirbelt Staub auf, wie dies so oft bei unerwartet Auftretendem der Fall ist.

Im täglichen Sprachgebrauch ist uns die Redewendung «Staub aufwirbeln» sehr geläufig. Erleben wir dieses sprachliche Bild in natura, so ist es nicht mehr sehr geheuer. Wer sich schon einmal in einem Sand- oder Schneesturm befunden hat, weiß um die Gefährlichkeit der Situation. Staub erschwert das Atmen, indem er die Luft verändert, vielleicht sogar vergiftet. Dadurch ist der ungestörte Austausch zwischen innen und außen, zwischen dem Menschen und der Welt, verhindert. Wer durch seine neuen Gedanken in seinem Bekanntenkreis schon Staub aufgewirbelt hat, weiß um die oft unangenehme Wirkung. Jugendliche, die ihren Eltern gegenüber mit eigenen Ideen auftreten, erfahren am eigenen Leibe, wie schwierig es ist, im aufgewirbelten Staub weiterbestehen zu können. Erst wenn der Staub sich gelegt haben wird, das heißt erst in der Zukunft, wird es sich erweisen, ob es fruchtbarer oder unfruchtbarer Staub war, ob das Aufeinandertreffen von Kultur und Natur zum tödlichen Schock wurde oder in sich den Keim zur Neuerung, vielleicht sogar zur Selbstfindung enthielt.

Die Tatsache, daß Natur und Kreatur im Traum ausgerechnet der Mittagshitze erliegen, erinnert daran, daß die Hälfte des Tages bereits vorüber ist. Die Träumerin steht tatsächlich im Mittag ihres Lebens. Was sich hier abspielt, ist eine für die Lebensmitte oft bezeichnende Situation: Vieles ist erreicht, ebensoviel ist vertrocknet oder liegt brach. Wohl gab es in der Vergangenheit einmal Felder zum Bebauen, Äcker zum Bestellen, Wiesen zum Mähen; das heißt, eine intakte Natur hat dem betreffenden Menschen einst zur Verfügung gestanden. Ja sogar intakte mütterliche Instinkte hatten einst ein fruchtbares Dasein; nun aber ist alles durch eine gnadenlos sengende Sonne, also durch ein einseitig dominantes Bewußtsein, dem Tode erlegen.

Was einst in der Vergangenheit zu einer weiblichen Entfaltung herangereift war, findet in der Gegenwart, in der Mitte des Lebens, seinen vorläufigen Tod.

Dem entspricht das momentane Lebensgefühl der Silvia M.: Ihre weibliche Seite kommt nicht mehr zum Zuge. In einer Ehe, in der der partnerschaftliche Gedanke keinen Platz hat und dadurch die Aufgaben sowohl als Ehefrau wie als Mutter nicht mehr wirklich wahrgenommen werden können, liegt die Flucht, weg vom irrational-mütterlichen Bereich hin in eine logisch-männliche Welt, nahe. Der ganze Einsatz gilt nun der Entfaltung der Ratio, was einem ständigen Wettbewerb mit dem Mann gleichkommt. Hochgesteckte Ziele werden erreicht – die Sonne scheint zwar brennend heiß –, die eigene Natur aber, die Weiblichkeit, leidet Schaden.

Es ist der Weg, den manche junge Frau heute zu beschreiten hat, ganz besonders dann, wenn sie einerseits noch stark an die geistige Welt ihres Vaters oder den Ehrgeiz ihrer Mutter gebunden ist. Sie mag mit Vater oder Mutter in anregendem oder auch verzehrendem Wettstreit liegen. Sie kann aber auch durch eine allzu passive Mutter in ihrer Entwicklung zur reifen Frau vor problematische Situationen gestellt sein. Hinzu gesellt sich die Forderung unserer Zeit, die von der modernen Frau die Heranbildung ihrer eigenen geistigen Kräfte erwartet.

Der Traum stellt die Träumerin vor die nackte Tatsache ihres Todes. Die Erschütterung bleibt nicht aus; das Traumgeschehen verfolgt Silvia M. über längere Zeit jeweils bis weit in den Tag hinein. Um es abzuschütteln, versucht sie, das im Traum Geschaute und Erlebte in Form einer skizzenartigen Bleistiftzeichnung auf Papier zu bannen.

Bildbetrachtung

Eine auf den ersten Blick bloß hingeworfene Skizze soll das erschreckende Traumerlebnis aufs Papier bannen, es dort dingfest machen, damit ihm seine Macht entzogen wird.
Ein ausgesprochen willkürlich abgeschnittenes, weder hoch- noch breitformatiges, annähernd quadratisches Bild will uns nicht so recht ansprechen. Vom Traum her mit seinen flachen Feldern erwartet man eigentlich eher ein breites Format, das man abschreiten kann, wie es das Ich im Traum ja auch tut. Wird dieses Abschreiten durch das nach allen Seiten hin gleich große oder kleine Papier etwa gar aufgehoben?
Wo bleibt überhaupt das Ich? Aus der Perspektive der Bleistiftzeichnung zu schließen, steht es vorne außerhalb des Bildes – wie der Betrachter. Aus dem aktiven Ich des Traumes ist ein Betrachter-Ich, ein sich abschirmendes Ich geworden, vielleicht gepackt von der Scheu des Sich-Darstellens oder noch in der Angst der Traumbotschaft gefangen. Der genau gezeichnete Stacheldrahtzaun quer übers ganze Blatt gleich im Vordergrund läßt den Betrachter nur schwerlich ins Bild eintreten. Mit dem Verstand ist ja auch kaum zu fassen, was sich dahinter auf der einen Wiese zugetragen hat. So kann der Zaun als verständliche Abwehr dessen, was sich dahinter abspielt, aufgefaßt werden. Ihm ist gebührende Aufmerksamkeit durch entsprechend starke Führung des Zeichenstiftes, durch perspektivisch-rationalistische Darstellungsweise wie durch eine ausgesprochene Liebe zum Detail zugeflossen. Die vier Pflöcke sind fest in der Erde verrammt, stereotyp gezeichnete Grasbüschel sind stachelig wie der Draht und laden nicht zum Verweilen ein. Es ist, als ginge das Ich vor dem Zaun auf und ab: Die verschiedene Ansicht der einzelnen Zäune in der Bildmitte erheischt deutlich unterschiedliche Standorte des Betrachters. Die Erinnerung an ein eingeschlossenes Tier, das in seinem Käfig hin und her geht und sehnsüchtig oder gar schon stumpf in die Weite blickt, steigt

in uns hoch. In seinem Gedicht vom «Panther» gibt Rilke diese Situation treffend wieder:

Der Panther

Sein Blick ist vom Vorübergehn der Stäbe
so müd geworden, daß er nichts mehr hält.
Ihm ist, als ob es tausend Stäbe gäbe
und hinter tausend Stäben keine Welt.

Der weiche Gang geschmeidig starker Schritte,
der sich im allerkleinsten Kreise dreht,
ist wie ein Tanz von Kraft um eine Mitte,
in der betäubt ein großer Wille steht.

Nur manchmal schiebt der Vorhang der Pupille
sich lautlos auf –. Dann geht ein Bild hinein,
geht durch der Glieder angespannte Stille –
und hört im Herzen auf zu sein.

Das einst in seiner natürlichen Umgebung stolze Tier ist zum Opfer des machtgierigen Menschen geworden, der sich im Anblick der eingesperrten und besiegten Kreatur sonnt. Des Panthers ursprüngliche Lebenskraft ist gebrochen; hin und wieder flackert sie noch in seinen glühenden Augen auf.
Die in ihrem Wesen ursprünglich starke Silvia M. hat sich gefangennehmen lassen und bewegt sich jetzt nur noch in der Abwehr. Sie ist im Laufe der Zeit zur Gefangenen ihrer Resignation geworden.
So ist vielleicht auch der schmale Bildrand vorne unten ein Teil eines eingeschlossenen Feldes, in dem das Ich eingesperrt ist. Auf der Zeichnung treten die Abschrankungen noch stärker hervor als im Traum selber. Dadurch zeichnen sich zwischen den einzelnen Feldern Freiräume ab, die die Vorstellung von langen Wegen aufkommen lassen. Wo auf den ersten Blick kein Weg zu erkennen war, sehen wir nun

plötzlich viele, vielleicht sogar zu viele. Sie verlaufen alle mehr oder weniger parallel zueinander, schneiden sich im rechten Winkel und erwecken durch ihre geometrische Anordnung ein Gefühl von Endlosigkeit und eintöniger Wiederholung. Führen sie überhaupt jemals an ein Ziel? Der gleiche Stacheldraht, der die Felder voneinander abgrenzt, schließt auch die Wege ein. Sind es etwa eingrenzende, statt weiterführende Wege? Sogar die Wiesen sind eingezäunt.

«Grenzen sind dazu da, überschritten zu werden: Dies gilt als Lehrsatz und Schicksal, am unerbittlichsten bei denen, die von Freiheit sprechen; den furchtbaren Widerspruch zu ihr, der in einem Zwang zum Überschreiten steckt, bemerken sie nicht. Freiheit wäre da, wo wir an einer Grenze sagten: Es ist genug. Es reicht.» (Andersch, S. 60)

Aber diese von Menschenhand errichteten Abschrankungen scheinen für die Träumerin keine zu respektierende Grenze darzustellen. Kein Zaun kann die Frau von ihrem Gehen abhalten, auch nicht Hitze und Durst.

Leere Felder ohne Saat, ohne Getreide erinnern an die trostlose Öde des Traumes. Kein scharfer Horizont trennt die Erde vom Himmel, beide Bereiche scheinen nahtlos ineinander überzugehen. Keine Farbe bringt Leben ins Dargestellte. Die Rigidität des Bleistiftes unterstreicht die blockierte Vitalität. Alles Leben scheint erloschen zu sein. Die Glut der Sonne hat die Erde und deren Bewohner versengt, alles ist grau, farblos. So grau und glanzlos ist auch das Papier, das sich Silvia M. für diese Zeichnung gewählt und zurechtgeschnitten hat. Das farblich fade Papier steht stellvertretend für die Grundstimmung der Zeichnerin. Bereits mit dessen Wahl drückt Silvia M. unbewußt ihre zur Zeit trostlos monotone, von Ausweglosigkeit gekennzeichnete Lebenssituation aus, bevor sie überhaupt zu zeichnen beginnt. Und doch liegt in der Führung des Stiftes an wohl seelisch wichtigen Punkten eine seltsame Kraft, die nicht zu übersehen ist.

Unser Interesse gilt vorweg dem unteren linken Feld, in dem

die etwas ungelenk gezeichneten toten Kühe liegen. Es sind deren sieben. Ebenso weist das Bild sieben unterschiedlich große Felder auf. Die Sieben ist an die Objekte gebunden, die wir als Symbole des Mütterlichen schlechthin – Felder und Kühe nämlich – bezeichneten. In unserem Zusammenhang dürfte der Hinweis auf das seit dem 15. Jahrhundert bezeugte Karnöffelspiel aufschlußreich sein. Denn in diesem Kartenspiel ist die Sieben die Trumpfkarte, die alle anderen sticht, aber von keiner gestochen wird. Im Laufe des 16. Jahrhunderts erhält sie zuerst das Bild des Teufels, das bald durch das Bild eines bösen Weibes ersetzt wird. Von da an ist die böse Sieben zur Schelte des bösen Weibes geworden. Diese negative mütterliche Kraft scheint zur Zeit im Leben dieser Frau überaus stark konstelliert zu sein. Sie stellt sich in einem negativen «Nährboden» dar, dem keine konstruktiven, zukunftsträchtigen Kräfte entwachsen. Er ist von tödlichem Gift durchtränkt – es herrscht eine Art «Regentrude»-Stimmung.
In seinem Kunstmärchen «Die Regentrude» beschreibt Theodor Storm Zustand und Folgen sommerlicher Dürre, in der die gesamte Kreatur elend zu verschmachten droht. Abhilfe kann einzig und allein ein ganz bestimmtes Sprüchlein schaffen, das für die von den Menschen im Stich gelassene Regentrude durch eine Frau herzusagen ist, durch das ihr exzessiver, sich autonom gebärdender Widersacher, der Feuermann, wieder in die Schranken gewiesen werden kann:

Dunst ist die Welle,
Staub ist die Quelle!

Stumm sind die Wälder,
Feuermann tanzet über die Felder!

Nimm dich in Acht!
Eh du erwacht,
Holt dich die Mutter
Heim in die Nacht!

Die eigene negative Mutter hatte schon im jungen Mädchen nur die negativen mütterlich-weiblichen Kräfte geweckt. Was sich einst vielversprechend anbahnte, liegt heute darnieder, ertränkt im eigenen Negativismus, in eigener Hoffnungs- und Ausweglosigkeit. Das nahrungsspendende Element ist tot: Übriggeblieben ist eine in ihrer eigenen weiblichen Problematik gefangene, freud- und scheinbar zukunftslose Frau in der Mitte ihres Lebens.

Oft melden sich aber im unteren linken Quadranten eines Bildes die schöpferischen Kräfte des Unbewußten. Zudem ist zu beachten, daß die Sieben auch eine heilige Zahl sein kann. Lauter Widersprüche? Keineswegs – im Seelischen läßt sich nichts je nur eindimensional oder sogar rational eindeutig fassen. Gerade im Widersprüchlichen liegen oft die Wurzeln zu Änderung und Verwandlung. Die Staubwolken des von oben links heranfahrenden, auffallend kräftig gezeichneten Traktors erreichen ja bereits ganz knapp das Feld der toten Kühe. Liegt darin vielleicht ein zarter Hinweis auf eine kommende mögliche Transformation, auch wenn sich im Augenblick alles noch grau, farb- oder lichtlos zeigt?

Symbole sind nie eindeutig, sie sind immer mehrdeutig. «Sie können von einem Bedeutungsextrem ins andere umschlagen, beide Seinspole – Leben und Tod, Gut und Böse – zum Ausdruck bringen. Die Erde bringt die Menschen hervor und verschlingt sie... Die Sieben ist die Zahl der Todsünden, aber auch der Sakramente.» (Lurker, S. 25)

Den sieben Lastern Hochmut, Zorn, Neid, Geiz, Unzucht, Völlerei und Trägheit des Herzens stehen die sieben Tugenden der Geduld, Keuschheit, Mildtätigkeit, Liebe, Demut, Mäßigkeit und Andacht gegenüber. (Im deutschen Sprachgebrauch scheinen die Tugenden weiblicher Natur zu sein!) Ihr gegenseitiger Kampf ist die symbolische Widerspiegelung des Seelenkampfes zwischen Gut und Böse. Die Symbolik der Zahl Sieben ließe sich noch weiter ausbauen. Durch die Verbindung mit der Siebenzahl der Planeten kommt ihr sogar

kosmische Bedeutung zu. Zahlen – wie übrigens auch Töne – gelten ganz allgemein als Bindeglieder zwischen der Harmonie des Alls und der geregelten Ordnung sowohl in der Welt als auch im Leben des einzelnen Menschen.
Dies ist ein nicht zu unterschätzender Hinweis auf den hohen Bedeutungsgehalt der sieben schwarzgefleckten, toten Kühe im siebten unteren linken Feld unserer Zeichnung. Vielleicht drängt sich dem einen oder anderen beim Lesen dieses Traumes und beim Betrachten des Bildes Pharaos Traum von den sieben fetten und sieben mageren Kühen auf (1 Mose 41). Das Gleichnis läßt sich aber nicht auf Silvia M.s Leben übertragen: Hier fehlen die vorausgegangenen fetten Jahre gänzlich!
Wenn wir ferner auf die sprichwörtliche Redensart aus dem schlesischen Sprachraum achten «die schwarze Kuh hat ihn getreten», was auf die alte Vorstellung von der Kuh als Todbringer bzw. vom Tod in Kuhgestalt zurückgeht, wo wir doch oben vom lebenerhaltenden Aspekt der Kuh sprachen, so erkennen wir immer mehr, daß die Aussage von Traum und Zeichnung nicht eindeutig ist. Gerade in dieser Ambivalenz steckt vielleicht die Botschaft des Traumes. Sie sagt anscheinend aus, daß der Tod in diesem Fall nicht etwas Endgültiges darstellt. Wohl ist ein Jahrsiebt, das heißt ein biologisch bedingter Lebensabschnitt, der sich auch in kosmischen Bereichen widerspiegelt, vorbei. Es bleibt aber die Hoffnung, daß sich ein neues Jahrsiebt daran anschließen wird. Tod und Erlösung, das heißt Erneuerung, werden einander dann folgen, wenn dem inneren Geschehen Gehör und not-wendige Beachtung zufließen. Das Ich wird im Traum auf eine Weise gewarnt, die es ihm möglich macht, die Situation als alarmierend zu erkennen. Das Unbewußte bleibt nicht stumm, es warnt. Die Arbeit in Form des Traktors hat bereits begonnen. Somit kann Goethes Erkenntnis (Westöstlicher Diwan, S. 289) wahr werden:

Und so lang du das nicht hast,
dieses: Stirb und werde!
Bist du nur ein trüber Gast
auf der dunklen Erde.

Mit dem Aufzeichnen des Traumes wird die Frau das Geschaute nicht los. Die Wirkung bleibt. Verloren hat sich einzig die lähmende Beklemmung. Was im Traum als Traktor auffährt, eine Art Hilfsmittel zur aktiven Arbeit, müßte in der Realität der Lebensgestaltung wirksam eingesetzt werden. Der Sterbeprozeß, in dem sie steckt, muß einer Aufbauphase weichen: Der Traktor kommt auf der Zeichnung von links herangefahren, er fährt nach rechts, in die Richtung der Zukunft. Die Traumbilder sind nicht bloß Abbilder der Vergangenheit oder Gegenwart, sie enthalten im allgemeinen auch eine finale Komponente, das heißt einen Ausblick in die Zukunft. Erschütterung, aber allmählich auch ein unerbittlicher Wille, aus der Destruktivität herauszukommen, führen die Frau nach einem etwa sechsmonatigen Kampf in die psychotherapeutische Praxis. Die Hoffnung auf eine lebenswertere Zukunft ist in ihr erwacht.

Das grüne Mützchen

Initiation

Mit Silvia M. hatte ich lange und ausführlich über den ersten Traum gesprochen. Sie hat dadurch so viel Zuversicht in sich gefunden, daß sie sich nun nicht mehr genötigt fühlt, ihre gegenwärtige Situation zu verdrängen. Sie kann weitergehen. Schon nach kurzer Zeit, nur zwei Wochen nach Beginn der Behandlung, bringt sie, noch etwas verlegen, den folgenden Traum in die Analyse:

Ich gehe über eine Frühlingswiese mit Löwenzahn und Wiesenschaumkraut, da stehe ich plötzlich vor einem Baby, das im Gras liegt. Es ist völlig nackt, hat aber ein grünes Mützchen auf. Ich beuge mich zu ihm und denke: Dafür habe ich die Verantwortung.

Was vorher noch am zutreffendsten mit dem Bild vertrockneter Felder wiederzugeben war, wird nun als grüne, saftige Frühlingswiese geschildert. Was lange darbend darniederlag, beginnt zu grünen. Dieser innere Landschaftswechsel ist packend und letztlich wohl nur für denjenigen nachvollziehbar, der an sich selbst schon einen ähnlichen Umschwung erlebt hat.

Sich für eine Analyse zu entscheiden, beinhaltet immer auch ein Ja dem eigenen Leben gegenüber. Es ist ein willentlich vollzogener Schritt in Richtung auf sich selber zu, weil die augenblickliche Lebenslage als bedrohlich – da der Eigenentwicklung gegenüber feindlich – wahrgenommen und aktiv nach Abhilfe gesucht wird. Dieser Schritt, dem der Entschluß zugrunde liegt, das eigene Schicksal willentlich an die Hand zu nehmen, ist ein Eingeständnis einer gegenwärtig hoffnungslosen Situation und gleichzeitig ein Vertrauen in die eigene Fähigkeit, mit therapeutischer Hilfe eine Veränderung herbeiführen zu können. Als einem Akt des Bewußtseins scheint ihm das Wissen um die Notwendigkeit dieses Entscheides innezuwohnen. Das Unbewußte reagiert prompt auf das im Bewußtsein vollzogene Handeln, indem es in Form eines Traumes mit starker emotionaler Färbung antwortet. Die Botschaft des Traumes vermittelt, daß der im Bewußtsein vorgenommene Schritt hin zum Ich in den tieferen, unbewußten Schichten der Seele die Not gewendet hat: Das Bild der ausgetrockneten, dürren Erde ist durch dasjenige einer sprießenden, grünen Frühlingswiese abgelöst worden.

Wir erkennen hierin ein Beispiel für das Zusammenspiel zweier grundsätzlich verschiedener und doch sehr eng zusammengehörender seelischer Bereiche, nämlich dem des Bewußtseins wie demjenigen des Unbewußten. Im Augenblick, da im Bewußtsein Entscheidungen gefällt werden, die tatsächlich den inneren Bedürfnissen entsprechen, erfahren wir im Traum stets eine starke Bestätigung. Das Unbewußte nimmt auf eine ihm eigene Art Bezug zum Bewußtsein. Daraus erwächst dem Ich als dem Zentrum des Bewußtseins Kraft, es fließt ihm psychische Energie, Libido, zu. Der seelische Haushalt wird von psychischer Energie gespeist, die sich bei harmonischem Zusammenspiel der beiden seelischen Bereiche als lebensbejahende Stimmung, als Antrieb oder Stimulans äußert, so daß sich ein optimistisches Lebensgefühl, ein Vertrauen in die eigenen Möglichkeiten anbahnen kann. Das Niedergedrücktsein, die Depression, weicht der Fähigkeit, zu handeln und zu verändern.

Eine Wiese voller Löwenzahn kündet den bevorstehenden Sommer an. Das Gelb leuchtet so stark, daß es nicht ohne

Wirkung auf den Menschen bleibt. Auf Kinder übt die Blume eine unwiderstehliche Anziehungskraft aus. Die dicken Stengel, die beim Brechen so herrlich knacken, werden wegen der ausfließenden Milch bewundert. Blüte und Stengel ineinandergeflochten ergeben einen goldenen Kranz, der – aufs eigene Haupt gelegt – ein königliches Daseinsgefühl vermittelt. Das warme Gelb und die im Zentrum angeordneten einzelnen kleinen Blütenblätter erinnern an Gestalt und Kraft der Sonne. Hier, in diesem zweiten Traumbild, hat sie in Form der kraftvollen Blumen Anteil am Leben – ihre versengende Kraft im vorangegangenen Traum ist einer lebensfördernden gewichen. Einesteils ist die Sonne Sinnbild der erleuchtenden Kraft des Geistes, die man generell dem männlichen Bewußtsein zuordnet. Als gelbe Blüte einer kraftvollen Pflanze hat sie andernteils auf eindrückliche Weise am Wachstums- und Reifungsprozeß der Natur teil: auf dessen Kulminationspunkt erstrahlt sie in voller Farb- und Formenpracht. Natürliches Wachstum ist dem Kreis weiblicher Symbolik zugeordnet. So vereint die Löwenzahnblüte in sich Männliches wie Weibliches. Als Pflanze an und für sich den Gesetzen von Wachsen und Vergehen unterworfen, gehört der Löwenzahn als Gesamterscheinung dem weiblichen Symbolbereich an und wird damit zum Künder weiblicher Spiritualität.
Der Löwenzahn fesselt unser Interesse in hohem Maße auch wegen seiner auffälligen Verwandlung der leuchtendgelben Blüten in die zarten, samenreichen Kugeln der Fruchtstände. Er erinnert durch den Wechsel seiner Erscheinungsform an den Wandel alles Irdischen.
Still und unaufdringlich, doch nicht zu übersehen, blüht daneben das zart lila gefärbte Wiesenschaumkraut. Beides ist auf der grünen Wiese vorhanden: das laute, starke, aufdringliche wie das stille, zarte Element. Lila setzt sich aus Rot und Blau zusammen. In ihm prallen demnach die seelischen Gegensätze, die sich in den beiden entgegengesetzten Farben ausdrücken, aufeinander. Die zarte Blume scheint jedoch

nicht die Heftigkeit beziehungsweise Unvereinbarkeit der beiden Bereiche zu symbolisieren. In der Ausgewogenheit und Feinheit von Stengel, Blättern und Blüten drückt sich eher eine Versöhnung der Gegensätze aus, so daß das Wiesenschaumkraut in seiner Gesamterscheinung zu einem Symbol weiblicher Ganzheit wird.

Im Traum geht Silvia M. mitten durch diese blühende Wiese. Sie setzt ihren Fuß in eine Landschaft, die von vollem Leben kündet. Es wächst nicht nur das Gras, es blühen auch Blumen, ganz natürliche Feldblumen, Löwenzahn und Wiesenschaumkraut, die durch ihre Form und Farbe vom natürlichen Spannungsfeld weiblicher und männlicher Polarität in der Seele dieser Frau künden. Gleichzeitig weist der Löwenzahn auf die Grundbedingungen allen irdischen Seins hin: auf Wandel und Vergänglichkeit.

So drückt sich in der Ausgangslage dieses Initialtraums das Bild menschlicher Lebensrealität aus: Das Ich steht mitten in der Spannung polarer Gegensätze und nimmt gleichzeitig das Gesetz von Wandel und Vergänglichkeit wahr. Die Erstarrung, als Grundthema des ersten Traumes unter anderem in der Sinnlosigkeit der abgrenzenden Drahtzäune festgehalten, ist gelöst. Die einengende, künstliche Begrenzung erübrigt sich; denn es hat eine Hinwendung zum Lebendigen stattgefunden.

Im Initialtraum, ausgelöst durch den Analyse- oder Therapiebeginn, kündigt sich oft eine Art prognostischer Ausblick an. Er kann zur Antizipation der zukünftigen Entwicklung werden. Dies ist demjenigen leicht verständlich, der schon an sich erfahren hat, was ein derartiger Entscheid, der immer auch in erster Linie ein Schritt auf sich selbst zu ist, innerlich alles in Bewegung setzt.

Der Frühling weist auf eine Anfangssituation hin, steht er doch am Beginn des jahreszeitlichen Ablaufes. Daß ein junger Mensch, vor dem noch ein Großteil des Lebens liegt, vom Frühling träumt, ist einleuchtend. Was aber steckt dahinter, wenn ein Mensch, der in der Lebensmitte steht, eine Frühlingswiese durchquert? Ist es ein Hinweis darauf, daß sich jemand dem Alterungsprozeß nicht stellt, sich nach ewiger Jugend sehnt? Oder ist das Bild vielmehr Ausdruck jenes Lebensgesetzes, dem wir im Grunde genommen alle unterstehen, das wir aber so oft leugnen? Ich meine jenen Vorgang, in dem wir immer wieder das Erreichte loslassen, hinter uns lassen müssen, um uns neuen Horizonten zuwenden zu können. Eigentliches Leben heißt: Altes, Erfülltes loslassen, um sich Neuem zu öffnen. Im Rhythmus des aufsteigenden und schwindenden Jahres kehrt der Frühling mit getreuer Regelmäßigkeit immer wieder ein. In dem Sinne kennt auch unser Leben nicht nur *einen* Frühling, auch da wiederholt er sich immer wieder. Höchst selten verläuft das Leben geradlinig; es läßt sich zutreffender durch einen stufenartigen Verlauf charakterisieren, wie ihn Hermann Hesse in seinem Gedicht treffend schildert:

Stufen

Wie jede Blüte welkt und jede Jugend
Dem Alter weicht, blüht jede Lebensstufe,
Blüht jede Weisheit auch und jede Tugend
Zu ihrer Zeit und darf nicht ewig dauern.
Es muß das Herz bei jedem Lebensrufe
Bereit zum Abschied sein und Neubeginne,
Um sich in Tapferkeit und ohne Trauern
In andre, neue Bindungen zu geben.
Und jedem Anfang wohnt ein Zauber inne,
Der uns beschützt und der uns hilft, zu leben.

Wir sollen heiter Raum um Raum durchschreiten,
An keinem wie an einer Heimat hängen,
Der Weltgeist will nicht fesseln uns und engen,
Er will uns Stuf' um Stufe heben, weiten.

Kaum sind wir heimisch einem Lebenskreise
Und traulich eingewohnt, so droht Erschlaffen,
Nur wer bereit zu Aufbruch ist und Reise,
Mag lähmender Gewöhnung sich entraffen.

Es wird vielleicht auch noch die Todesstunde
Uns neuen Räumen jung entgegensenden,
Des Lebens Ruf an uns wird niemals enden...
Wohlan denn, Herz, nimm Abschied und gesunde!

So kann dieser erste Traum zu Beginn der Analyse als Neuanfang, als Erklimmen einer neuen Lebensstufe – wie es später einmal sehr direkt geträumt wird – interpretiert werden. Diese erste Stufe zu Beginn der Analyse scheint erst einmal nicht eine harte, dem betreffenden Menschen Entsagungen abfordernde Stufe zu sein – ganz im Gegensatz zum Traum, der dem Kapitel über die Lebensalter zugrunde liegt. Vielmehr wird sie mit dem Bild des Frühlings angekündigt, einer Zeit also, da die ersten Blumen blühen, da die Welt der Gefühle aufbricht und die Luft zukunftsschwanger ist. Das innere Wachsen wird dem Bewußtsein mit dem Bild des Blühens, Duftens und Sprießens übermittelt.

Das Ich geht weiter und stößt unerwartet auf ein Baby, das völlig nackt und verlassen im Gras liegt. Das Motiv des Kleinkindes, das ausgesetzt wird, ist aus den verschiedensten Mythen und Märchen weltweit bekannt: Das berühmte Brüderpaar Romulus und Remus, das von ihrem Großvater Amulius hätte ertränkt werden sollen, ist in einem Körbchen an einer seichten Stelle im Tiber, wo ein Feigenbaum wuchs, ausgesetzt worden. Später wurden die beiden zu den mythischen Gründern des alten Rom. Das im Schilf des Nils ausgesetzte Mosesknäblein wird im Laufe seines Lebens zum Führer des Volkes Israel aus der Knechtschaft hin ins Heilige Land. Im Märchen vom «Teufel mit den drei goldenen Haaren» (KHM 29) wird das in einem Pappkarton aufs Wasser gelegte Knäblein armer Leute vom Mahlburschen herausge-

fischt und von den Müllersleuten erzogen, um später zum König des Reiches zu werden. Die Beispiele ließen sich erweitern, doch immer weisen sie auf den gleichen Gehalt hin: Das wohl wegen seines Potentials gleich zu Anfang seines Lebens gefürchtete Kind soll aus Rivalitätsgründen vernichtet werden, wird aber durch Aussetzen am Leben erhalten. Fremde Leute nehmen sich seiner an. Später wird es zu einer führenden Gestalt, die meist den Beginn einer neuen Entwicklung begründet.
Das mythologische Motiv macht uns hellhörig für die Parallele im Traum. Was für eine Zukunft mag wohl in diesem Kindlein schlummern? Seine Nacktheit betont einerseits sein unschuldiges Ausgeliefertsein, seine Hilflosigkeit oder eben sein Angewiesensein auf fremde Hilfe. Anderseits spricht die Nacktheit direkt an. Unverhüllt liegt das Kind beziehungsweise der seelische Inhalt, der dadurch ausgedrückt wird, da. Das Traumbild berührt in seiner Unmittelbarkeit und löst unwillkürlich starke Gefühle aus.
Besondere Aufmerksamkeit erheischt die Tatsache, daß das Kindlein eine Kopfbedeckung, ein grünes Mützchen, trägt. Kluge Mütter schützen das Köpfchen ihres Babys vor Sonnenbestrahlung wie vor Kälteeinwirkung. Der einzige Schutz, der dem Kind im Traum zukommt, ist eine Kopfbedeckung. Symbolisch gesehen ist im Kopf der Sitz des Geistes lokalisiert, hier allem Anschein nach eines sich noch zu entfaltenden Geistes. Der Entwicklung des Geistes als etwas besonders Gefährdetem scheint trotz des leiblichen Ausgesetztseins spezielle Sorgfalt zuzukommen. Nicht ein Rotkäppchen, vielmehr ein Grünkäppchen liegt da im Schoße der grünen Wiese. Rot wäre allerdings Ausdruck des Vitalen, würde sich aber sehr deutlich vom umgebenden Grün abheben. Grün im grünen Gras ist ausgesprochen unauffällig: So sticht das Baby mit seinem grünen Mützchen nicht von seiner Umgebung ab, es ist vielmehr in ihr geschützt und kann nur von dem entdeckt werden, der es finden soll. Grün als Farbe der

Vegetation läßt sofort an Sprießen und Wachsen, an das Grünen in der Natur denken. Das Mützchen des Babys, ob Mädchen oder Knabe bleibt dahingestellt, dient als Schutz für die geistige Entfaltung des Kindleins, ist jedoch nicht ein Schutz, der einengt, sondern vielmehr einer, der durch seine grüne Farbe in sich Wachstum verkörpert und daher wohl ein förderlicher, adäquater, ja sogar natürlicher Schutz ist. Nicht auszuschließen ist zwar die Tatsache, daß Grün nicht allein die Farbe des vegetativen Lebens ist, sondern ebenso diejenige todbringenden Giftes. Sie kann auch dem Teufel als dem Grünen anhaften. In diesem Traum fehlen jedoch Hinweise auf die negativen Aspekte zur Symbolik des Grüns.

Mit dem Ausspruch, noch grün hinter den Ohren zu sein, weisen wir auf Unreife hin, eine Qualität des Grüns, die in unserem Zusammenhang wohl nicht übersehen werden darf.

Wie kommt es dazu, daß eine Frau mittleren Alters ein Baby findet? Ist sie etwa nochmals schwanger geworden? Oder ist sie noch so infantil, daß sich ihr seelisches Leben am zutreffendsten durch ein Kleinkind wiedergeben läßt? Oder verkörpert das Baby die eben im Entstehen begriffenen, neuen seelischen Aspekte der Träumerin, die von ihr erst einmal entdeckt werden müssen, um danach sorgsam gehegt und gepflegt zu werden? Die Parallele im Mythos weist auf die große Aufgabe der Finderin hin.

Begegneten wir im vorangegangenen Traum einer Symbolik, die den Hinweis auf durchwegs erloschene Mütterlichkeit enthielt, so sind wir hier von der zu neuem Leben erwachten Mutter Erde gepackt und hören erst recht hin, als das Ich im Traum das Kindlein entdeckt und sich zu ihm niederbeugt.

Ein mütterlicher Instinkt macht auf die mitten in natürlicher Umgebung liegende neue Aufgabe aufmerksam. Es ist, als ob das Ich den Ruf vernommen hätte und darauf antwortete. Antworten ist immer eine Reaktion; voraus geht eine Äußerung, ein Signal, eine Anfrage. Indem darauf in Form einer antwortenden Reaktion Bezug genommen wird, ereignet sich

ein dialogisches Geschehen. Wer antwortet, muß sich aber auch verantworten; er geht eine Beziehung ein. Im Traum spielt sich dies zwischen einem erwachsenen Ich und einem scheinbar hilflosen Kleinkind ab.
Ein derartiges Ungleichgewicht der Kräfte birgt immer die Gefahr von Einseitigkeit in sich. Wenn sich das Ich über den noch schwachen, weil noch unentfalteten seelischen Inhalt hinwegsetzen würde, indem es dessen natürliche Eigengesetzlichkeit übersähe oder zu egoistischen Zwecken einzusetzen versuchte, resultierte daraus im Endeffekt ein Wachstumsstillstand beider. Falls das Ich jedoch in der Lage ist, seine Aufgabe wahrzunehmen, hat es die Chance, an ihr zu wachsen. Denn durch die Hingabe an dieses Kind kann es abgespaltene seelische Anteile zurückgewinnen. Das heißt, letztlich durch die Hingabe an einen bisher unentfalteten Anteil ihrer selbst wird Silvia M. eine Bereicherung ihrer Person erfahren. Dem Traum fällt eine ausgesprochen finale Bedeutung zu, da er der Gegenwart durch das Motiv des Kindes die Aussicht auf eine Zukunft, wenngleich noch keine klar umrissene, hinzufügt. Denn das Kind-Motiv ist immer auch zukunftsorientiert, weil kein anderes Lebensalter in so rascher Abfolge verschiedene Entwicklungsstufen durchläuft wie dasjenige der Kindheit.
In Anlehnung an die oben erwähnte mythologische Parallele müssen wir annehmen, daß im speziellen Traummotiv des ausgesetzten Kindes der Hinweis auf etwas grundlegend Neues, im Entstehen Begriffenes liegt. Dieses will sich bei entsprechender Beachtung durch das Ich zu gegebener Zeit realisieren. Der jetzt noch unbewußte Inhalt wird dann zu einer Persönlichkeitserweiterung führen, wenn er vom Bewußtsein wahrgenommen und allmählich in die bewußte Lebensgestaltung miteinbezogen werden kann. Dann erst hat sich beim betreffenden Menschen etwas grundlegend geändert, im Mythos etwa vergleichbar mit der Gründung der Stadt Rom.

Die Lösung des Traums mündet in einen willentlichen Akt ein: «Ich beuge mich zu ihm (dem Baby) und denke: dafür habe ich die Verantwortung.» In der Schlichtheit und Klarheit der sprachlichen Ausdrucksweise spiegelt sich die Selbstverständlichkeit, mit der sich Silvia M. im Traum dem Baby zuwendet. Wie sie des Kindleins inne wird, vernimmt sie den Ruf, beugt sich ihm fraglos ohne Widerstreben, nimmt mutig ihre neue Aufgabe wahr und widersetzt sich damit ihrem Schicksal nicht, sondern nimmt es verantwortungsbewußt in die Hand. Die in einem Traum auftretenden Figuren sind immer auch Bestandteil der eigenen Seele. Durch die Hinwendung zum Kind tritt Silvia M. somit in Beziehung zu sich selbst.

Was sich hier noch im Traum, das heißt im Unbewußten, abspielt, hat Programmcharakter. Im Augenblick, da diese Frau auch im Bewußtsein ihre neue Aufgabe, nämlich die Eigenverantwortung über ihre innere Entwicklung wahrnehmen wird, handelt sie im Sinne ihres Selbst, ihres eigensten Wesens; sie wird dadurch wesentlich und gewinnt Zugang zu sich selbst.

Bildbetrachtung (siehe Tafel 1)

Indem Silvia M. auch diesen zweiten Traum gezeichnet hat, hat sie sich vorerst einmal auf diese ihr zum jetzigen Zeitpunkt mögliche Art dem Kind zugewandt. Zwischen Traum und zeichnerischer Darstellung lassen sich stets Parallelen, aber auch signifikante Unterschiede finden.

Ein Traum fällt uns nachts im Schlafe zu, ohne daß wir scheinbar etwas dazu tun. Es geschieht mit uns, stößt uns einfach zu. Können wir für das Geträumte verantwortlich gemacht werden? Eine Frage, die sich die Menschen seit alters her immer wieder stellen und je nach Geisteshaltung unterschiedlich beantworten. Fest steht, daß wir uns im Augenblick des Erwachens nicht an alle Träume erinnern. Manche sind uns aber in solch hohem Maße gegenwärtig, daß sie uns während des ganzen Tages, hin und wieder sogar über Jahre hinweg, ganz selten ein Leben lang begleiten. Nicht jeder Traum ist von gleicher emotionaler Stärke, nicht immer sind wir gleich intensiv berührt.

Unsere aktive Teilhabe am Traum geschieht im Augenblick, da wir uns bewußt mit dem innerlich Geschauten oder Gehörten auseinanderzusetzen beginnen. Der Versuch, oft ein echtes Bedürfnis, die im Schlaf erhaltene Botschaft zu verstehen, bringt uns unserem eigenen Wesen einen Schritt näher. Wo dies auf dem Weg des Darstellens geschieht, fließt trotz aller Spontaneität ein Stücklein Bewußtsein in den Gestaltungsprozeß mit ein, die Frage nach der Eigenverantwortung wird aktueller. Was zur Darstellung gelangt, entstammt deutlich unserer eigenen Gestaltungskraft, ist eigenes Tun – im Gegensatz zum Traumgeschehen, das uns einfach zufließt –, das allerdings stets in Beziehung zu unserem Wesen und zu unserer bewußten Lebensgestaltung steht. So ist es oft aufschlußreich, innezuwerden, was vom Traum auf einer Zeichnung wiederzufinden ist, was weggelassen oder vergessen wurde. Die Ausschnitte, die aus einem Traum zu Papier gebracht werden, lassen erkennen, was im Augenblick das Interesse des betreffenden Menschen am meisten beansprucht. Es mag sein, daß Weggelassenes als sogenanntes «Vergessenes» im Sinne einer Freudschen Fehlleistung zu interpretieren ist; es mag auch sein, daß es Inhalte sind, die noch derart bewußtseinsfern oder angstbesetzt sind, daß sie im Augenblick nicht dargestellt werden können.

Tafel 1: Das grüne Mützchen (29,5 × 21 cm)
Der grüne Smaragd (39,5 × 30 cm)

Tafel 2/3: An den Wassern Babylons (70 × 50 cm)

Tafel 4: Die schwarze Frau (39,5 × 30 cm)
Die schwarze Frau verschwindet (39,5 × 30 cm)

Auf der Zeichnung von Silvia M. gilt das ganze Interesse dem Kind. Es liegt nackt und mutterseelenallein auf der Erde im Gras, wobei das Gras mit recht einfachen, sich gleichbleibenden grünen Strichen hingeworfen worden ist. An den beiden Rändern wächst auffallend hohes Gras, das, sich über das Kind neigend, wie eine Art Behausung wirkt. Es erinnert in der Form an eine Hütte oder Höhle, vielleicht sogar an den Uterus. Im Gegensatz zum scheinbar leicht hingeworfenen, beinahe stereotyp anmutenden Gras gilt dem Kind in Farb- wie in Formgebung die volle Aufmerksamkeit. Das Bild erinnert sehr stark an die bekannte kultische Handlung aus dem alten Rom, in der die Erde als Mutter – tellus mater – dadurch verehrt wurde, daß das neugeborene Kind jeweils auf die nackte Erde gelegt wurde.

Auf unserer Zeichnung liegt das Kind in der Mitte des Bildes: Sein Vorhandensein muß von zentraler Bedeutung sein. Alles übrige des Traumgeschehens ist weggelassen worden (der eine gelbe Löwenzahn wirkt gegenüber der verbalen Traumschilderung blaß), was bewirkt, daß das Auge des Betrachters ausschließlich auf das Kind konzentriert ist.

Das Ich ist wiederum außerhalb des Bildes, wie dies schon auf der vorangegangenen Zeichnung der Fall war. Wahrscheinlich steht oder kniet es vorne – erneut wie ein Betrachter –, denn das Kindlein guckt uns an, es ist uns zugewandt. Dadurch wird auch die Einsamkeit des Kindes betont. Das Fehlen des Ichs auf dem Blatt ist auf jeden Fall ein unübersehbarer Hinweis dafür, daß die Entwicklung, die im Traum aufgezeigt worden ist, im Zustand des Wachbewußtseins noch nicht vollzogen worden ist.

Das Baby ist nach rechts hin orientiert: Offenbar drückt sich auch darin sein Zukunftsaspekt aus, es schaut in die Welt, in die Zukunft, hin auf ein Du. Dieses Du ist bekanntlich das Traum-Ich der Frau, die in der Mitte ihres Lebens plötzlich auf einen Säugling stößt und sich ihm gegenüber sofort verantwortlich fühlt. Ist es nicht, als ob der Säugling in seiner

leicht zusammengerollten Stellung sich bereitstellte, um aufgehoben, in die Arme genommen zu werden?
Seine völlige Nacktheit stößt beim Betrachter auf Mitleid, läßt aber gleichzeitig auch ahnen, wie gesund und widerstandsfähig das Kleine ist. Denn nur so ist ein Überleben im Freien möglich.
Auf das grüne Mützlein wurde im Laufe der Trauminterpretation bereits eingegangen, so daß hier nur noch darauf verwiesen sei zu beachten, wie intensiv diese Kappe gezeichnet wurde. Es liegt am meisten Druck bei der Führung des Farbstiftes im Mützchen. Das ist ein untrüglicher Hinweis darauf, wie wichtig, wie emotionsgeladen gerade dieser Teil des Traums erlebt wurde.
Abschließend sei darauf aufmerksam gemacht, wie in der Zeichnung versucht worden ist, eine Perspektive herzustellen; am deutlichsten wird sie im Kind. Damit gewinnt das Baby an Plastizität, um nicht zu sagen an Realität.
In einem kurzen Hinweis sei bereits an dieser Stelle auf das letzte Bild im Kapitel vom grünen Smaragd aufmerksam gemacht (siehe Tafel 1): Dort findet sich ebenfalls zur Thematik menschlicher Beziehung eine ähnliche Raumaufteilung, allerdings viel deutlicher als Behausung gezeichnet als auf dem Bild hier.

Der fremdartige Musikant

Übergang

Beträchtliche Zeit später bringt Silvia M. einen Traum in die Analyse, dessen Figuren teilweise dem persönlichen Erlebnisbereich der Analysandin entnommen sind und daher Erinnerungen an Geschehnisse aus der eigenen Lebensgeschichte wachrufen.

Ich bin zu einem Fest eingeladen. Ebenfalls eingeladen ist meine Cousine, die mir sehr ähnlich sieht. (Ich habe in Wirklichkeit keine solche Cousine.) Wir beide gehen nach Hause, um uns festlich zu kleiden. Auf dem Weg dorthin begegnen wir keinem Menschen. Alle bunten Fensterläden sind zu. Eigentlich ist es Sommer, wir müssen aber über eine Schneewehe gehen. In unserem Zimmer ziehe ich ein rotes Kleid, meine Cousine ein gelbes von genau gleicher Machart an. Das Fest findet bei einem Onkel (den es ebenfalls in Wirklichkeit nicht gibt) statt. Eingeladen sind eine Menge Leute; ich erkenne meinen längst verstorbenen, sehr geliebten Patenonkel, einen ehemaligen Lehrer, der mich nicht leiden mochte, meinen Zahnarzt, eine sehr viel ältere Freundin und eine Frau, die Käthe heißt, aber Paula genannt wird (eine solche Frau gibt es nicht).
Der Ehrengast des Abends ist ein Neger, der in ein silberbesticktes grünes Samtgewand gekleidet ist und ein Instrument spielt, das ich nie vorher gesehen habe. Er spielt es meisterhaft, und ich werde sehr traurig und glücklich zugleich, es ist wie ein Sonnenuntergang, bei dem man denkt, es müsse immer noch schöner werden, die Farben noch glühender, und dann blaßt am

Ende alles ab. Der Neger ist zu einer Zugabe nicht zu bewegen. Er geht, ohne auf den Beifall zu achten, die Treppe hinunter und mit der Frau, die Käthe heißt und Paula genannt wird, einen Weg entlang. Die Frau, die neben ihm geht, wird mit der Entfernung immer kleiner, während der Neger immer gleich groß bleibt, so daß er am Ende riesig aussieht, obwohl er weit weg ist.

Ein Fest vermag den an und für sich immer gleichbleibenden Rhythmus des Alltags für einen kurzen Augenblick zu durchbrechen. Als etwas ganz anderes hebt es sich vom Gewöhnlichen ab. Der feiernde Mensch betritt eine Sphäre, die sich deutlich vom Alltagsleben unterscheidet. Jedes Fest weist seine eigene Struktur auf, die insofern sehr dicht ist, als sie sich auf etwas ganz Bestimmtes – bildlich gesprochen auf eine Mitte hin – konzentriert. Von dieser Konzentration geht eine eigentümliche Kraft aus, die verändernde Wirkung haben kann. Feste und Feiern sind daher nicht nur Höhepunkte im Dasein jedes einzelnen oder einer Gemeinschaft, sie bergen in sich eine schöpferische Kraft. Sie markieren nämlich sehr oft einen Anfang, einen Neubeginn und beinhalten so eine Wandlungsmöglichkeit: «Jedem Anfang wohnt ein Zauber inne, der uns beschützt» (Hesse). Daher taucht das Motiv des Festes auch noch in anderen Träumen auf, meist als Hinweis auf eine sich verändernde seelische Situation.

Im Mittelpunkt des Festes steht der Kultus, ursprünglich ein religiöses Faktum, in dem die Begegnung mit dem Sakralen aktualisiert und zur eigenen Existenzerhaltung immer wieder neu dargestellt wurde. Dies gilt teilweise auch heute noch.

Die Teilnahme am Fest verlangt stets ganz bestimmte Vorbereitungen, so zum Beispiel eine dem betreffenden Fest entsprechende Kleidung. Denn von einem Kleiderwechsel geht eine Wirkung aus, die dem Träger ein anderes, neues Lebensgefühl vermittelt. Kleider verhüllen nicht nur, Kleider vermögen ebenso zu einer inneren Erneuerung beizutragen. Feste können zu Marksteinen im Leben eines Menschen werden.

Im eingangs dieses Kapitels aufgezeichneten Traum erhält die Frau die Einladung zu einem Fest. Sie erkennt sich im Traum als 17- bis 18jährige wieder, am Ende ihrer Pubertät. Eine einschneidende Lebensphase geht ihrem Ende zu, eine neue Phase hat noch nicht begonnen. Nicht nur das Traum-Ich, sondern auch dessen Cousine ist zum Fest eingeladen. Das Ich erhält damit eine Verstärkung, die auf eine innerseelische Komponente hinweist, gibt es doch diese Cousine in der Realität nicht. Sie trägt ein leuchtendgelbes Festkleid, wohl ein Hinweis auf eine erleuchtend-intuitive Kraft.
Durch ihr Alter legen die beiden jungen Mädchen den Traum in die Zeit des Übergangs vom Jugendlichen zum Erwachsenen fest. Dieser Durchgang wird mit einem Fest begangen, ganz im Sinne der «Rites de passage», der Übergangsriten der Völker aus der Dritten Welt. «Die Rites de passage haben bei den Hauptpunkten des menschlichen Lebens, bei Geburt, Reife (Hochzeit) und Tod, ein Verlassen des bisherigen Zustandes, den Aufenthalt in einem Zwischenzustand und den Eintritt in einen neuen Zustand zum Inhalt und versuchen, die vielen Gefahren zu bannen, die den Akteuren in diesen Zeitabschnitten drohen» (Hirschberg, S. 373). Zwar ist der Sinn des Festes im Traum anfänglich verhüllt. Doch die beiden jungen Mädchen scheuen keine Mühe, daran teilzunehmen. Auch die Schneewehe – eine Erinnerung an den Winter, wohl eine seelische Kälte in Form einer Reminiszenz, die nicht mehr in die jetzige Situation des Sommers paßt – schüchtert sie nicht ein: sie schreiten zielsicher voran nach Hause, um sich umzukleiden.
Auch dieses Zuhause verrät einen Übergangszustand. Es entspricht nicht dem konkreten Wohnhaus, schon gar nicht das Zimmer, das hier im Traum eine Dachkammer ist, wo keine Bleibe ist.
Dem Traum fällt insofern besondere Bedeutung zu, als in ihm zum erstenmal Motive aufklingen, die später wieder auftauchen und sich wie eine Leitlinie durch die kommende Ent-

wicklung ziehen. Solche sind beispielsweise die bunten Fensterläden, der Neger, das Grün, die Musik, eine noch nicht näher zu beschreibende Frauengestalt – hier mit zwei Namen, später in Schwarz gekleidet.

Dem aufmerksamen Leser muß aufgefallen sein, daß ich vom «Neger» spreche. Ich verwende dieses Wort bewußt, weil es in den Träumen von Silvia M. stets zur Anwendung kam, obwohl es entwertend ist und daher eigentlich durch den wertfreien Ausdruck «Schwarzer» ersetzt werden müßte, wie er in der Ethnologie seit längerer Zeit gebräuchlich ist. Da die wissenschaftliche Bezeichnung aber einer Reduktion auf die Hautfarbe gleichkommt, verwende ich – in einem strikt wertfreien Sinne – die herkömmliche des «Negers». Denn darin kommt dessen Ursprünglichkeit und Vielfalt – damit auch seine umfassende symbolische Bedeutung – besser zum Ausdruck.

Nicht nur die später wiederkehrenden Motive verleihen diesem Traum ein besonderes Gewicht, sondern auch die Tatsache, daß Örtlichkeiten wie Personen eine wichtige Rolle spielen, die im realen Leben der Träumerin unbekannt oder ganz anders sind, so zum Beispiel das Zuhause, die Cousine, die ältere Freundin, die Frau mit dem Doppelnamen, der Neger. Daran wird deutlich, wie sehr sie eigene seelische Anteile der Träumerin verkörpern zu einem Zeitpunkt, da sie sich selber im Übergang vom jugendlichen zum erwachsenen Alter befindet. Wohl wird der Traum Aufschluß über die damalige Situation geben, gleichzeitig enthält er aber ebenso den Hinweis, daß sich diese Frau trotz ihres Alters zur Zeit des Traumes in einem vergleichbaren Übergangszustand befindet. Was ist sie daran zu verlassen? In was wird sie demnächst eintreten? Was wird mit dem Fest verdeutlicht?

Im roten Kleid wirkt das junge Mädchen festlich leuchtend. Ungetrübtes Rot verbreitet Festfreude. Rot ist eine erotische Farbe; sie ist die Farbe der Gefühle, der Liebe, der Vitalität, des Lebens schlechthin. Wir wissen aber, daß sich auch die aufrührerische Revolution der Farbe Rot bedient. Im Wind flatternde rote Fahnen wirken aufpeitschend aggressiv. Als junge unverheiratete Frau erhielt unsere Träumerin seinerzeit von ihrer Mutter ein rotes Kleid als Geschenk. Niemals wäre sie selbst auf die Idee gekommen, sich Rot als Farbe eines ihrer Kleidungsstücke zu wählen. So mochte sie dieses Kleid überhaupt nicht. Als sie 22 Jahre alt war, mußte sich ihre Mutter einer Operation unterziehen; zuvor hatte sich diese noch ausbedungen, von der Tochter keinesfalls im roten Kleid im Krankenhaus besucht zu werden.

Wie im Märchen, so auch hier, sind Verbote da, um überschritten zu werden. Silvia M. besuchte ihre Mutter im roten Kleid. Zwei Wochen nach der Operation starb die Mutter. Die junge Tochter trug ein schlechtes Gewissen mit sich herum, nicht gerade den Tod der Mutter verschuldet, sie aber doch immerhin absichtlich verärgert zu haben.

Das rote Kleid ist demnach sehr erinnerungsträchtig: Es ruft den Konflikt zwischen Mutter und Tochter wach, der durch den abrupten Tod der Mutter seinerzeit nicht mehr ausgetragen und gelöst werden konnte. Die im nicht bis zum Ende vollzogenen Ablösungsprozeß eingesperrte Vitalität kehrte sich daher in den folgenden Jahren gegen die junge Frau: Die Welt der Gefühle erlag der Destruktivität. Was in der negativen Mutter-Kind-Beziehung schon von allem Anfang an angelegt war, hat sich in diesem Ereignis dramatisiert und wird als Thema in diesem Traum – wie auch in weiteren (siehe S. 101 ff. und 148) – nochmals aufgenommen. Wahrscheinlich liegt so viel psychische Energie darin eingeschlossen, daß nun der richtige Zeitpunkt herangerückt ist, diese freizubekommen – daher der Traum.

Allerdings ist die äußere Situation nicht mehr ganz dieselbe wie einst: bunte Fensterläden – noch verschlossen – weisen auf eine farbige Erlebniswelt hin, die sich aber noch nicht nach außen hin öffnen kann.

In der Auseinandersetzung mit sich selbst begegnet die Träu-

merin wohlbekannten Männerfiguren, die eine wichtige Rolle in ihrer Jugendzeit spielten. Doch das zentrale Geschehen spielt sich um die Gestalt des Negers ab, der mit einem silberbestickten grünen Samtgewand bekleidet ist. Als Kind war unsere Träumerin von der Figur des Mohren in «Struwwelpeter» gepackt. Immer wieder mußte sie sich diesen im Bilderbuch angucken. Stets tauchten dabei Fragen auf wie: Wo kommt er denn her? Was macht er? Wie lebt er? Eine Faszination geht auch heute noch von dieser Gestalt aus: Er spielt auf einem unbekannten Instrument, dem er auf meisterhafte Art Musik entlockt, die traurig und glücklich zugleich stimmt, die einen ganz in Bann schlägt, die fasziniert. Was sind Töne anderes als zum Klingen gebrachte Gefühle? Ein Unbekannter übt diese Kunst aus; er trägt ein weiches, samtenes Gewand, es ist grün und mag an jenes Baby erinnern, das ein grünes Mützchen trug und dem Ich Gefühle der Verantwortung entlockte. Das Gewand ist mit Silber durchwirkt; Silber ist edler Natur und weist im Gegensatz zum Gold einen weiblichen Charakter auf. Dem Neger im Traum haftet etwas Weiches, Gefühlvolles an. Auf geheimnisvolle Art bringt er eine bis dahin verborgene, unbekannte Welt – wie sie der Neger an und für sich verkörpert – zum Erklingen.
Ihr schließt sich die Frau an, die Käthe heißt und Paula genannt wird. Die zwei Namen verknüpft die Träumerin mit Dienstmädchen, die einst im Haushalt walteten, als sie ein kleines Mädchen war. Beides sind dienende Frauengestalten als grotesker Gegensatz zu einer herrischen Mutter.
Ein tiefes Erlebnis knüpft sich an die Paula, war sie doch jenes Dienstmädchen, das ein uneheliches Kind erwartete und daher die Stelle gekündigt erhielt. Die ersten Phantasien darüber, was denn ein uneheliches Kind sei, erwachten in dem damals etwa neunjährigen Mädchen und ließen es nach der Menschwerdung überhaupt, aber auch nach der Rolle der Frau fragen. Ausgerechnet diese verstoßene, einst schwangere Frau verbindet sich mit dem unbekannten, fremdartigen,

dunklen Musikanten: Wo kommen sie her? Wo gehen sie hin? Was einst von der Mutter nicht zugelassen worden ist, verlangt nun nach Leben. Es meldet sich als Mittelpunktgeschehen in einem Fest und stellt somit einen Bezug zwischen hier und dort her, zwischen der Situation, die durch das rote Kleid eingefangen ist, und der Welt der zum Leben erweckten Gefühle, wie sie in diesem Paar, vorwiegend im Neger, dargestellt ist.

Wird er der Weiblichkeit – im Sinne der Liebe, der Gefühle, des Lebens überhaupt – zum Durchbruch verhelfen?

Beim Fest ist keine Bleibe. Der Ehrengast mahnt zum Aufbruch, indem er sich selber zusammen mit Käthe-Paula auf den Weg begibt. Wohin? Der Neger bleibt groß; er entzieht sich den Gesetzen der Perspektive in der Distanz, während Paula diesen Gesetzen unterstellt ist und somit in der Ferne verschwindet. Der Neger bleibt trotz der Entfernung nahe. Damit wird seine Eigengesetzlichkeit hervorgehoben: Er stellt einen neuen seelischen Wert dar, der anderen Gesetzen als den gewohnten gehorcht.

Keine neue Errungenschaft ist von Dauer, wenn sie nicht ins Alte, Bisherige eingebettet werden kann. Neue Einsichten und Werte, die zusammenhanglos im Leben eines Menschen dastehen, haben keine Zukunft. Denn die ihnen innewohnende Dynamik wird erst dann wirksam, wenn das Neue sich einen Platz innerhalb des Gewordenen, des Bisherigen erobert hat. Es braucht das Fundament der Lebensgeschichte als tragenden Hinter- oder Untergrund, auf dem erst das Neue wirksam werden und zum Klingen kommen kann. Der Neger geht am Ende des Traumes weg und bleibt doch auf seine ihm eigene Weise da. Eine Integration findet erst zu einem späteren, im Kapitel vom grünen Smaragd beschriebenen Zeitpunkt statt.

In einer Analyse sind immer verschiedene Stadien erkennbar. Nach der Klärung der jeweiligen Ausgangssituation kündigt sich oft ein neuer Wert an, der die volle Aufmerksamkeit des

Analysanden und seines Therapeuten erheischt. Er enthält in sich den Hinweis auf die Art der Neuorientierung in der Zukunft. Dieser Wert kann aber meist erst dann voll realisiert werden, wenn der betroffene Mensch sich seiner lebensgeschichtlichen Grund- und Ausgangslage bewußt geworden ist. Dies kann durch eine intensive Auseinandersetzung mit der Art und Weise des eigenen Heranwachsens erreicht werden, in der vor allem die Frage nach dem Wesen der eigenen Eltern und der Beziehung zu ihnen geklärt wird.

Die schwarze Frau

Auseinandersetzung mit der Mutter

Bildbetrachtung (siehe Tafel 4)

Wie wir gesehen haben, geben Bilder Aufschluß über die seelische Lage des Betroffenen. Ein Bild entsteht nicht einfach. Es ist eine Antwort, das heißt, es geht ihm eine Frage voraus. Daher wohnt einem Bild immer etwas Dialogisches inne. Von da aus wird klar, warum das Herstellen eines Bildes für den betreffenden Menschen etwas Klärendes, Erleichterung Schaffendes haben kann: Es wird um eine Antwort gerungen, und zuletzt ist sie sichtbar da auf dem Papier.

Im folgenden wollen wir uns einmal zuerst mit der Antwort auseinandersetzen, um auf diesem Weg zum Ausgangspunkt, das heißt der Frage, zu gelangen.

Silvia M. hat ihren Zeichenstil geändert, was in engem Zusammenhang zu inneren Veränderungen steht. Vor uns liegt ein Bild, das durch seine kraftvolle Farbigkeit gleich die volle Aufmerksamkeit des Betrachters fordert (siehe Tafel 4). Die bis anhin eingeschlossene Vitalität ist freigesetzt worden. Jeder Strich verrät Leben, Lebendigkeit. Das Bild spricht uns vom Ästhetischen her an, da es formal ausgewogen scheint. Unsere Betrachtungsweise soll aber nicht eine künstlerische, sondern eine psychologische sein.

Die Wahl des Querformats entspricht dem Dargestellten; sie gibt ihm Raum, sie hält ein Geschehen hier auf Erden fest. Alle Bildinhalte scheinen ihren Platz zu haben, dem Bild entströmt eine Ruhe, die zur Betrachtung einlädt. Eine schwarz-

gekleidete Frau sitzt auf einer Holzbank und schaut vor sich hin. Sie bestimmt das Bild. Die Bank, auf der sie sitzt, unterstreicht das Breitformat. Sie ist ganz da, eine konkrete, an die Erde gebundene Frau – Bank und Frau bilden eine Einheit, die im Hintergrund farblich in den Stämmen des Waldes noch nachklingt. Sie sitzt im Vordergrund, hat ihr Gesicht dem Betrachter zugewandt, wenn sie auch nach innen zu schauen scheint. Ein Baum legt von hinten her eine Art Hülle um sie, so daß sie im Rücken ganz geschützt ist, sich nicht kümmern muß, was hinter ihr geschieht, sondern sich ganz ihren Gedanken hingeben kann. Seltsam, der Baum erinnert an eine Trauerweide, er erinnert an den verstehenden, hilfreichen Haselbaum auf dem Grab von Aschenputtels Mutter. Frau, Bank und Baum bilden eine Einheit, in die einzudringen man sich als Störenfried vorkäme. Ist die Frau einsam, isoliert? Genau betrachtet, zerfällt das Bild in zwei Hälften: in die eben beschriebene rechte und in die buntere linke Hälfte, die ganz aus den verschiedenartigen, roten Blumen heraus lebt. In der einen Ecke, der unteren linken, blüht die Natur in voller Kraft. Die roten Blumen rufen uns vielleicht das rote Kleid aus dem vorangegangeen Traum in Erinnerung.
Steht das Rot stellvertretend für Revolte oder Vitalität? In Verbindung mit dem Dargestellten, nämlich den drei unterschiedlichen Blumenarten, die zusammen eine Einheit bilden, ist der Einsatz von Rot wohl am ehesten Ausdruck eines vorderhand noch unbewußten Potentials. Denn die Blumen wachsen in der linken unteren Ecke, wo sie schöpferische Kräfte des Unbewußten symbolisieren – im Gegensatz zu den toten Kühen auf dem ersten Bild. Vielleicht verbirgt sich in diesem Rot auch der Hinweis auf eine fruchtbare Umsetzung des Konfliktes mit der Mutter.
Es ist, als ob uns aus diesen Blumen etwas entgegenströmte, wir nehmen förmlich ihren Duft wahr, sie berühren uns, wekken in uns Gefühle. Sie sind vielleicht sogar Ausdruck neuer Gefühle bei Silvia M., die sich äußern möchten – genau so,

wie sich die Blumen entfalten. Symbolisieren diese Blumen wohl eine neuerstandene seelische Kraft, die sich ans Licht hinausgewagt hat? Die drei ährenartigen roten Blumen erinnern in ihrer aufsteigenden Bewegung an Flammen. Ist es wohl ein verzehrendes oder läuterndes Feuer? Es scheint, als wäre hier ein Gefühlsdurchbruch dargestellt, in gezügelter, doch darum nicht minder lebendiger Form. Und ist es nicht, als ob die Frau zu den Blumen redete, oder geht die Verbindung gar von den Blumen aus? Das Bild lebt aus dem Gegensatz der lebendigen, roten Blumen und der eher traurig, nachdenklich wirkenden, ganz in Schwarz gehüllten Frau.

Was zuerst sehr statisch anmutet, erhält durch seine Gegensätzlichkeit Dynamik, Spannung, ja gerät sogar in Bewegung. Das Bild erhält seine Struktur durch die Diagonale, die deutlich sichtbar ist in der Bank und hinten im Wald endet; die Fläche des Bodens, die beinahe wegartig ist, verbreitert diese diagonale Linie. So gesehen, läßt sich das Bild in zwei Dreiecke aufteilen, die durch den Dialog zwischen Frau und Blumen – einer der ersten entgegengesetzten Diagonale – zusammengehalten werden.

In Diagonallinien liegt im Gegensatz zu horizontalen oder vertikalen eine Bewegung, deren Wirkung man sich als Betrachter nicht entziehen kann. Sie trennt und reißt gleichzeitig mit. Was wird getrennt und doch miteinander verbunden?

Wer ist eigentlich diese Frau im schwarzen Kleid? Sie scheint gleichzeitig alt und jung zu sein. Sie strahlt etwas Nonnenhaftes, eine Rühr-mich-nicht-an-Haltung aus und gibt nicht recht preis, wer sie ist. Was hält sie denn eigentlich zurück? Das Schwarze erinnert uns nicht nur an eine Nonne, es ruft in uns auch die Gestalt der Nornen, der Schicksalsgöttinnen, wach. Thront diese Frau nicht göttinnengleich und ist uns menschlich doch so nahe?

Die Bank steht in der rechten unteren Ecke des Blattes, dort wo in unbewußten Darstellungen der Platz alles Mütterlichen ist. So sitzt hier wohl eine Mutterfigur, mit der sich die Zeichnerin dieses Bildes aufs intensivste auseinandersetzt.

«Schwarz zeigt die vergängliche, elementare und untergründige Seite des Menschen, es ist aber auch die Farbe der Fruchterde, die das zeugende Wasser durchdrungen hat. So deutet Schwarz das geheimnisvolle Muttertum an, aus dem ewig das junge Leben sprießt, wie die Lilie aus dem urmütterlichen Erdstoff, wie die Sonne aus den unergründlichen Tiefen der dunklen Nacht. Die Nornen... sind schwarz, weil ihr Wirken die ewige Wiederkehr des Lebens verbürgt. Schwarz ist das Nochnichtseiende.» (Schliephacke, S. 18)

Es ist anzunehmen, daß die Malerin hier ihre Mutter gezeichnet hat, die sie wohl in einem Gefühl, das aus Angst und Nichtwissen entstanden ist, in eine Art Distanz eingehüllt hat. Aber beim näheren Hinsehen wird deutlich, daß die Frau nicht die Züge einer Alten trägt, ein jüngeres Gesicht schaut uns an. So dürfte es sich wohl ebenso um eine Auseinandersetzung mit Silvia M.'s eigener Mütterlichkeit handeln, der eher etwas Trauriges, In-sich-Gekehrtes als etwas strahlend Glückliches anhaftet. Das Schwarz macht schwer, mahnt an Depression, aber auch an die alchemistische Nigredo als der Ausgangsmaterie, der prima materia, im Läuterungsprozeß. Erzählt das Bild etwa von einem Wandlungsgeschehen, wie wir es aus dem alchemistischen Prozeß kennen? Wird in den Blumen eine neue Daseinsart in Form von warmen, lebensbejahenden seelischen Kräften angekündigt, wie sie die Alchemie mit der Rubedo (Rötung) bezeichnet?

Immer deutlicher ersteht vor uns die Farbe, nach deren Beantwortung auf diesem Bild gerungen wird. Es geht anscheinend um die ganz grundlegende Frage nach dem «Wer bin ich? Was für eine Frau bin ich?»

In Worten ausgedrückt muß festgehalten werden, daß sich die Zeichnerin hier als eine Frau darstellt, die einerseits im mütterlichen Bereich etwas kalt Verhüllendes, Abweisendes, Trauriges, Leidendes hat – in einer Depression steckt –, an-

derseits etwas differenziert Lebendiges, Warmes, Ansprechendes, Zart-Kräftiges zur Entfaltung bringt. Distanz und Nähe, Kälte und Wärme, Isoliertheit und Zugewendetsein – beide Pole leben in dieser Frau. Sie bilden als komplementäre Gegensätze innerhalb des Weiblich-Mütterlichen jenes Spannungsfeld, in dem dieser Mensch mittleren Alters lebt. Die Gegensätze fallen nicht auseinander, die Diagonalen halten sie zusammen.
Leben bewegt sich immer zwischen zwei Polen. Ohne diese Spannung fehlt ihm die Dynamik. Entscheidend ist jedoch, ob zwischen beiden eine Verbindung besteht. Die Gefahr einer Tendenz zur Isolation, das heißt zur Spaltung, scheint da zu sein, doch ist der Schleier vom Gesicht zurückgeschlagen, der Blick hin zu den Blumen gerichtet, der Dialog findet statt.

Dem Bild ging ein Traum voran, der deutlich macht, wie sehr diese Frau in der Auseinandersetzung mit der Mutter stehend noch unsicher in bezug auf sich selbst ist:

Ich gleite wie auf Skiern über eine Wiese, deren Blumen immer größer und prächtiger werden, bis ich an eine Waldecke gelange. Dort sitzen auf rohen Bänken drei Personen um einen rechteckigen Holztisch: Eine schwarzgekleidete Frau unbestimmbaren Alters, rechts von ihr ein dicklicher Mann, links ein junges Mädchen. Der Mann häkelt ein beiges Wollstück, aber er macht es sehr ungewöhnlich. Ich sage: «So geht das nicht mit dem Muster», da sagt die schwarze Frau: «Laß ihn, er macht das schon so, wie es für ihn richtig ist.» Das Mädchen strickt einen hell-lila Rock, aber mit großen rechteckigen Löchern am Saum. Ich sage: «Diesen Rock wird man nicht anziehen können.» Die Frau sagt: «Laß sie, sie weiß, was sie tut.» Da kommt ein etwa vierjähriges Mädchen, vielleicht meine (jetzt 20jährige) Tochter, ich fühle mich verantwortlich. Sie zerreißt den hell-lila Rock des Mädchens. Ich tadle sie, es ist mir sehr unangenehm, die Frau sagt: «Laß sie das selbst erledigen.» Ich habe das Ge-

fühl, gemaßregelt zu werden. – Es kommt jetzt ein Hochzeitszug aus dem Wald, die meisten Leute kenne ich nicht, mein Bruder und seine Frau sind jedoch dabei. Es sind sehr viele Leute, ich schätze etwa 300. Ich sage: «Wie sollen wir die nur alle bewirten?» und bin ganz aufgeregt. Die Frau sagt: «Das ist nicht deines Amtes.» Ich bin etwas entlastet, aber auch ärgerlich, weil sie alles in Frage stellt, was ich tue.

Im Traum erscheint eine schwarzgekleidete Frau unbestimmten Alters. Sie scheint untätig zu sein. Dafür geben sich aber der neben ihr sitzende Mann und das junge Mädchen ausgesprochen weiblichen Arbeiten hin. Der Mann häkelt, das junge Mädchen strickt. Ob die beiden wohl unter Aufsicht und Diktat der «Alten» stehen? Ich gestatte mir, auf diese zwei Figuren nicht näher einzugehen, sondern mich auf das Geschehen, das sich zwischen Traum-Ich und schwarzgekleideter Frau abspielt, zu konzentrieren. Dieses Ich ist selbst eine Frau mittleren Alters, wie sich im anschließenden Gespräch über den Traum herausgestellt hat. Sie sieht sich die im Entstehen begriffenen Produkte – die wollene Decke sowie den wollenen Rock – kritisch an. Als sie sich dazu äußert, wird sie von der schwarzen Frauengestalt zurechtgewiesen. Die Rüge wird offensichtlich in dem Augenblick zur Maßregelung, da die kleine Tochter, die Konsequenzen aus der Kritik ihrer Mutter ziehend, den Rock des Mädchens zerreißt.
Was hier in ganz knappen Handlungsbildern aufgezeichnet ist, hält genau das fest, was geschieht, wenn sich eine Tochter von ihrer Mutter, die ihr gegenüber negativ eingestellt ist, lösen will. Der Traum hält den Augenblick in der seelischen Entwicklung fest, da sich die Tochter nicht mehr mit ihrer Mutter identifiziert, sondern sich ihr gegenüber durch eine eigene Meinung abgrenzt. In einer negativen Mutter-Kind-Beziehung führt dies immer erst einmal zu einem Machtkampf, in dem die negativen mütterlichen Züge jeweils den Sieg erringen, indem sie die junge Kraft zerschmettern und Schuld-

gefühle auslösen. Eine solche Beziehung raubt der Tochter auch die Instinktsicherheit. Sie wird selbst zur negativen Figur; nichts ist ihr richtig. In ihrem Schuldgefühl gibt sie sich selbst die negative Rolle und läßt sich dann scheinbar mit Recht kritisieren. So wird sie mit Grund gemaßregelt und verschafft sich damit das ständige Gefühl der Niederlage. Das Traum-Ich traut sich nicht einmal zu, die Hochzeitsleute, die doch wohl ein neues Leben voller Zukunftserwartungen symbolisieren, zu bewirten. In dieser Angst vor der eigenen Unfähigkeit wird die Tochter dann auch von ihrer Mutter bestärkt. Alles wird von der Mutter in Frage gestellt.

Dieses Verhalten der Mutter wirkt aber auch entlastend, erleichternd; denn sonst würde das Diktat oder vielmehr die Unterwerfung nicht funktionieren. Daraus entsteht die große Ambivalenz: Die sogenannte Unfähigkeit schützt die Tochter vor dem Handeln und der Verantwortung dafür, nimmt ihr aber den Glauben an ihre Kompetenz. Was bleibt da noch an Eigeninitiative, an eigener Entfaltung, Erprobung, Ertüchtigung, Erfahrungsmöglichkeit? Wartet da nicht Resignation, Fügung, Unterstellung unter die dominierende Mutter, die im Traum noch zusätzlich durch eine feierlich-offizielle Sprache («Das ist nicht deines Amtes!») überhöht wird? Das Ausmaß dieser Tragik scheint im Gesicht der auf der Bank sitzenden Frau eingefangen zu sein: Sie weist leidende, sehr nachdenkliche, nicht triumphierende Züge auf – ganz im Gegensatz dazu, wie die Mutter im Traum erlebt wird.

Diese negative, schwarze Muttergestalt im Traum ist nicht nur maßregelnd und tyrannisch. Sie hat auch die Aufsicht und die Macht der Entscheidung; sie ist urteilende Instanz. Auch das ist eine typische Eigenheit negativer Mütter! Gerade darin liegt aber oft die Chance der heranwachsenden Tochter, indem sie, um der Beurteilung zu entgehen, sich selbst ihre Maßstäbe schafft.

Erinnern wir uns an den Anfang des Traumes, so wird dort deutlich eine recht groteske Situation dargestellt. Da ersteht vor uns eine Wiese voll prächtig blühender Blumen, Wärme, farbig blühende und wohlduftende Blumen umgeben das Traum-Ich. Noch ist der Tochter aber die Fortbewegung auf Skiern näher als der Kontakt mit der blühenden Wiese. Noch behält sie alte Verhaltensweisen bei. Folgerichtig konfrontiert sie sich auch mit einer entsprechenden Situation: Noch einmal spielt sie im Traum die alten Spielregeln zwischen ihr und ihrer Mutter durch. Wie anders könnte sie sie begreifen, um sich endlich davon zu befreien!

Auf der Zeichnung dagegen stellt Silvia M. bereits die Phase der Reflexion, die zur Neubesinnung führt, dar.

Der Traum mutet einen an, als könnte das Ich den eigenen Sommer, die eigene Wärme noch nicht wahrnehmen oder wahrhaben – die Skier und auch die Schneewehe vor dem Fest im Traum des dritten Kapitels lassen dies denken –, als müßte es sich immer noch mit dem rettenden Fortbewegungsmittel des kalten Winters schützen.

Dieses Verhalten nimmt eine junge Frau mit einem negativen Mutterkomplex gerne an. Sie muß frühzeitig lernen, mit der sie umgebenden Kälte zu leben. Und wenn sich diese allmählich in Wärme wandelt, fehlt ihr anfänglich der Glaube an diese neue Situation. Sie ist im Laufe der Kindheit und Jugend so mißtrauisch geworden, daß sie den Boten einer besseren Zeit anfänglich keinen Glauben schenken kann.

Von unübersehbarer Tragik ist jedoch die Tatsache, daß eine negative Mutter seelisch nicht isoliert werden kann, sondern in ihrer Tochter selbst negativ-destruktive Mütterlichkeit konstelliert. Solche Frauen lehnen ihre mütterlich-weiblichen Seiten oft ab, getrauen sich nicht, diese zu entfalten oder verfallen selber einem Negativismus allem Leben gegenüber, der destruktiv-zerstörend auf die gesamte Umgebung wirkt.

Ob wohl im eingangs dieses Kapitels besprochenen Bild schon eine Einsicht in diese Zusammenhänge besteht und im Zeichnen bereits ein Stück aktive Trauerarbeit steckt? Jedenfalls sind Mutter und Traum-Ich ein und dieselbe Figur, was das Ringen um die Antwort auf die Frage nach der eigenen Person, wie sie der Traum stellt, verdeutlicht.

Interessanterweise schließt sich in der gleichen Nacht unmittelbar an den obigen Traum eine Art Schlußsequenz an:

Ich bin in der Stadt und gehe durch die Straßen. Jemand sagt, die Mutter von Dore (einer Schulkameradin) sehe noch so erstaunlich jung aus. Ich denke, das ist ungerecht, meine Mutter dagegen ist schon lange tot. Da sehe ich die schwarze Frau zwischen den Häusern verschwinden, die alle bunte, aber verschlossene Fensterläden haben.

Den Schlüssel zum Verständnis dieses Traums liefert der Hinweis der Träumerin, daß sie während ihrer Schulzeit die Mutter ihrer Schulfreundin Dore lieber zur Mutter gehabt hätte als ihre eigene. Dieser kurze Traum macht deutlich, wie schwierig es für Silvia M. ist, sich vom Bild dieser Idealmutter zu trennen, um ihre eigene Mütterlichkeit zu finden, ohne sich dabei an das Jugendideal zu fixieren. Sie muß den Weg finden, indem sie sich von der Jugendlichkeit wie von der toten Mutter löst.
Der vorangegangene Traum endet mit dem über diese ambivalente schwarze Frau ärgerlichen Ich. Es braucht in Tat und Wahrheit recht viel Mut, einer negativen Mutter gegenüber Ärger zu äußern; denn solange diese noch Macht ausübt, kann ihr Fluch zerstörende Wirkung haben. Aber in unserem Fall, da wohl schon eine gewisse Fähigkeit zur Distanzierung errungen worden ist, erscheint nun plötzlich das Bild einer positiven Mutterfigur – und schon verschwindet die negative Figur. Das Ich erhält eine kleine Ruhepause im aktiven Kampf gegen diese negativen Züge in sich selbst. Für wie lange, das bleibt offen; denn es wird nicht klar, wohin die Frau letztlich verschwinden mag. Ihr Abgang ist eher suspekt, jedoch so packend, daß er zur Gestaltung ruft.

Bildbetrachtung (siehe Tafel 4)

Auch das aus diesem kurzen Traum entstandene Bild wollen wir betrachten. Die Zeichnung ist rasch hingeworfen worden, so, als ob dadurch das Verschwinden der schwarzen Frau noch eine Beschleunigung erführe.

Wiederum erhält das Bild seine Struktur durch die Diagonalen, die ihrerseits ebenfalls eine Dynamisierung des Dargestellten bewirken. Eine schwarze Leere gähnt einem dort entgegen, wo auf dem vorherigen Bild die schwarze Frau saß. Nun entflieht sie in der Diagonale nach hinten links, was einem deutlichen Rückzug gleichkommt. Etwas ominös mutet der runde Dolendeckel (Kanalisationsdeckel) im Schnittpunkt der Diagonalen an. Deutet er wohl darauf hin, daß ihm diese destruktive Mutter jederzeit wieder aus den Tiefen entsteigen kann? Zwei Kellerfenster stellen weitere Zugänge zur «Unterwelt» dar. Die Vergitterung verunmöglicht jedoch einen Durchstieg.

Das Bild ist durch seine Proportionen sehr eindrücklich. Ein niedriges Erdgeschoß wirkt im Grunde einladend, aber die Fensterläden sind geschlossen. Die schwarze Frau könnte in ihrer stattlichen Größe sonst ohne Schwierigkeiten hineinschauen oder sogar hineinsteigen. Es gilt wohl, die Innenwelt vor ihr zu schützen, zu verschließen. Diese scheint sehr farbig, das heißt gefühlsmäßig reich zu sein. Das Motiv der bunten Fensterläden ist ja bereits in jenem Traum des Aufbruchs aufgetaucht, da die beiden jungen Mädchen zum Fest eingeladen worden sind. So gilt es, das reiche Innenleben vor der zerstörenden Wirkung negativer mütterlicher Kräfte zu schützen. Das Geschehen sprengt den Rahmen, die Häuser haben auf dem Blatt Papier nicht Platz.

Die Perspektive verleiht dem Geschehen eine scheinbar greifbare Wirklichkeit. Es scheint, als würden Fassaden wie Fensterläden lachen vor Freude, als wären sie ihres Sieges über die schwarze Frau sicher. Die Buntheit der Läden dominiert das ganze Geschehen. Rot und Grün sind Komplementärfarben. Sie ergänzen sich. Das Violett, eine Mischung von Rot und Blau als den größten seelischen Gegensätzen, kündet wohl von momentanem Waffenstillstand. Alle drei Farben spielten schon in den vorangegangenen Träumen eine wichtige Rolle; sie sind dort eingehend besprochen worden. Ihr ganzheitlicher Aspekt scheint darauf hinzuweisen, daß in dieser heftigen und schmerzhaften Auseinandersetzung mit der Mutter wie mit der eigenen Mütterlichkeit auch konstruktive Kräfte freigesetzt werden.

Aber alle drei Fenster sind mit einem schwarzen Kreuz versehen, wohl ein Hinweis dafür, daß der Kampf mit der schwarzen Frau noch nicht ausgefochten ist. In der Dreizahl der Fenster ist die Dynamik enthalten, die nicht nur in der Auseinandersetzung mit dieser negativen Mutter liegt, sondern wohl auch zum eigentlichen Wesen unserer Probandin gehört. Die Farben der Fassaden, Hellgelb und Orange, haben etwas Kämpferisches an sich. Das Bild mutet an wie die Stille vor dem Sturm. Das Problem ist noch nicht endgültig gelöst, es hält noch viel Zündstoff bereit. Die Zeichnung macht aber deutlich, wie sehr der Problemkreis «schwarze Frau» eine lebendige Herausforderung an die Zeichnerin ist. Teilweise wird er im Motiv des «schwarzen Hundes» im folgenden noch weiter ausgeführt.

Ungeladene Gäste

Auseinandersetzung mit dem Vater

Ungefähr ein halbes Jahr nach dem Tod ihres Vaters vollzieht die Probandin in zwei Träumen nochmals das Geschehen um das Sterben ihres Vaters. Offenbar gilt es, dieses noch mehr zu verarbeiten, weil daraus wahrscheinlich weitere Einsichten zu holen sind, die für die jetzige Lebensgestaltung hilfreich und notwendig sein könnten. Diese Träume geben unter anderem Aufschluß über die Vater-Tochter-Beziehung.

Am Tag vor dem Tod meines Vaters besuchen wir (mein Bruder, dessen Frau, deren zwei Kinder, mein Mann, meine beiden Kinder und ich) ihn im Krankenhaus. Er steht unerwarteterweise im Bett und bekundet, daß alle, die ihm blutsverwandt sind, mit auf das Bett treten sollen. Ich denke, daß es schön ist, daß es ihm wieder besser geht, er kann wieder stehen, und ich begebe mich, wie die anderen fünf, auf das Bett, ohne jedes Erstaunen. Mein Mann und die Frau meines Bruders bleiben unten stehen. Ich bemerke erstaunt, daß mein Vater größer ist als wir alle. Er sagt etwas Unverständliches, ich weiß aber, daß es Sanskrit ist.

Da stehen sie nun alle beieinander auf dem Bett, die ganze Sippe, überragt vom Vater, dem Familienoberhaupt: Sohn, Tochter und alle vier Enkel! Wer nicht blutsverwandt ist, hat unten zu bleiben; das betrifft die beiden angeheirateten Ehepartner, die von der Zeremonie ausgeschlossen sind. Ein Bild der Stärke, des Triumphes, des Sieges!
Warum bittet der Vater seine Blutsverwandten nun ausge-

rechnet aufs Bett? Darin steckt eine tiefe Symbolik, die uns unter anderem auch in der Bibel, nämlich im Abschnitt der Genesis (1 Mose), begegnet. Kurz bevor Jakob stirbt, läßt er zuerst Josef und seine zwei ältesten Söhne, Manasse und Ephraim, an sein Sterbebett rufen, um sie zu segnen; danach vollzieht er dasselbe an allen seinen zwölf Söhnen. Dazu macht er sich stark, indem er sich im Bett aufrecht hinsetzt (1 Mose 48) und, nachdem er den Segen über seine Söhne gesprochen und seinen letzten Willen bezüglich einer Beisetzung ins Grab seiner Väter kundgetan hatte, zog er seine Füße auf das Bett zurück und verschied (1 Mose 49,33).
Im Bett vollziehen sich die geheimen Mysterien des Lebens: Zeugung, Geburt, Tod. Ehebett, Kindbett und Sterbebett sind daher Gegenstand größter Sorgfalt und Verehrung. Das Bett hat Anteil am doppelten Sinn der Erde: In ihm wird das Leben geschenkt, in ihm wird das Leben auch wieder zurückgenommen. So wird das Bett zum Symbol der Erneuerung im Schlaf und in der Liebe, aber ebenso ist es der Ort des Todes.
Von daher gesehen birgt der Traum einen tiefen Sinn: Der sterbende Vater versammelt noch einmal seine Liebsten, seine Kinder und Enkel, um sich von ihnen auf seine Weise zu verabschieden.
Eine tragische Komponente wohnt dem Geschehen insofern inne, als sich der Sterbende nicht verständlich machen kann, spricht er doch in Sanskrit. Sanskrit ist ein Leben lang sein Steckenpferd gewesen, mit dem er oft seine Kinder geärgert hat. In jungen Jahren hat er Altphilologie studiert, fand aber keine entsprechende Stelle als Lehrer und studierte dann zusätzlich Nationalökonomie, etwas Nützliches, das ihm zum Broterwerb verhalf. Als ein eigentlich weicher Mensch hatte er in die harte, konkurrierende Welt der Wirtschaft einzusteigen. Während seines zweiten Studiums lernte er als Kommilitonin seine zukünftige Frau kennen, die ebenfalls Nationalökonomie studierte, sich aber im Gegensatz zu ihm in dieser Materie zu Hause fühlte. Und nun findet er ganz am Schluß

seines Lebens wieder zu seinem Eigentlichen zurück, bleibt darin aber bis zum Ende, bis zu seinem letzten Atemzug, von seinen Nächsten unverstanden. Sein «Segensspruch» bleibt unverständlich, und doch überragt er in seiner physischen Größe alle Umstehenden, was nicht der konkreten Realität entspricht. Für die Tochter, das Traum-Ich, wird er auch hier in seinem letzten willentlichen Akt zur Autoritätsfigur, nach der sich das Ich ausrichtet, der es nachstrebt, um vielleicht doch noch einmal seine letzten Worte zu verstehen.

Diese starke, recht positive Bindung an den Vater wirkte für die Entwicklung der Tochter von allem Anfang an prägend. Es sei daran erinnert, daß Silvia M. für sich den Beruf wählte, für den sich auch der Vater seinerzeit entschieden hatte, dem aber dann die Durchhaltekraft fehlte zu warten, bis er in einer Zeit der Stellenlosigkeit doch eine Lehrerstelle gefunden hätte. Seinen inneren Neigungen zuwiderhandelnd, hatte er sich dem ausgesprochen Rationalen der Wirtschaftswissenschaften zugewandt, dem Bereich also, in dem sich seine zukünftige Frau wohlfühlte. Damit wird auch in dieser äußeren Situation deutlich, in welchem Spannungsfeld sich die heranwachsende Tochter befand.

Ein positiver Vaterkomplex fördert unter anderem eine starke Entfaltung des eigenen Geistes im Wetteifer mit demjenigen des Vaters. In der Jungschen Psychologie sprechen wir von einer starken Ausbildung des Animus. Die Entwicklung männlicher Eigenschaften verleiht der jungen Frau eventuell einen brillanten Geist, verunmöglicht Silvia M. aber bei einem gleichzeitigen negativen Mutterkomplex – was jedoch nicht immer der Fall sein muß – den Einstieg in die weibliche Welt. Verläuft eine solche Entwicklung geradlinig konsequent, so kann sie unter Umständen im Krankheitsbild der Anorexie enden.

Spätestens jetzt müßte uns auffallen, daß unter den nächsten Angehörigen in unserem Traumbild tatsächlich die Ehefrau des Sterbenden, beziehungsweise die Mutter der Kinder oder

die Großmutter der Enkel, fehlt. Man könnte rational argumentierend einwenden, sie sei eben keine Blutsverwandte und zudem schon lange tot. Es ist aber eine bekannte Tatsache – eben dieser Traum belegt sie erneut –, daß im Traumgeschehen auch bereits Verstorbene als lebend agierende Figuren auftreten können.
Vom Traum-Ich ausgehend, wird klar, wie in dieser wichtigen Abschiedsstunde, in der noch einmal die ganze Sippe vereinigt ist, die Mutter als nicht dazugehörig erlebt wird. Sie würde stören, sie gehört nicht in die positive, vereinigende Welt des Vaters, sie gehört in die Welt der Ablehnung und Zwietracht. Um so mehr wird der Vater erhöht, um so mehr wird der Geist, der von ihm ausgeht – auch wenn er unverständlich ist –, gefeiert.
Dem Traum mit dem Sterbebett folgt sogleich ein weiterer, bei dem das Leichenmahl im Zentrum steht:

Sofort träume ich weiter: Am Tag seiner Beerdigung habe ich einen Tisch in Hufeisenform für die Besucher der Beerdigung bestellt, an dem wir Kaffee trinken wollen, er sollte mit Blumen geschmückt und schön gedeckt sein. Wir alle, schwarz gekleidet, kommen in einen Raum, der ohne Decke zu sein scheint, es scheint darüber ein schwarzer Nachthimmel zu stehen. Auch Wände sind nicht wahrnehmbar, nur einige große grüne Pflanzen als Begrenzung. Es gibt zwei «Saalwächter» in schwarzer, judoähnlicher Bekleidung, also in losen Anzügen, die die Platzverteilung übernehmen. Der Tisch ist riesig und völlig rund, aus schön gemasertem Holz, ohne Decke. Zwölf weißgekleidete Gestalten, die nicht eingeladen sind, werden zuerst um den Tisch verteilt, zuerst vier, dann die übrigen acht. Dazwischen werden die schwarzgekleideten Trauergäste gesetzt. Ich ärgere mich, denn nichts ist so, wie ich es bestellt hatte, und die zwölf weißen Gestalten habe ich auch nicht eingeladen. Ich werde für alles zahlen müssen, deshalb rufe ich die Saalwächter, aber sie hören nicht auf mich. In der Mitte der Tafel steht ein reichverziertes

Gefäß aus silberfarbigem Metall mit Blumen und Girlanden aus Metall, es hat zwei Henkel und einen Deckel mit einem Knopf in der Mitte und ist sehr groß. Darum herum ist der Blumenschmuck kreisförmig verteilt. Es gefällt mir nicht sehr. Dann wird Kaffee und Kuchen aufgetragen und vor jeden Gast gestellt. Ich frage mich, was in dem Gefäß in der Mitte enthalten ist. Wieder will ich die Saalwächter rufen und sie danach fragen – ich erwache mit dem Gefühl, daß dies nicht richtig gewesen wäre.

Alles spielt sich anders ab, als es sich das Traum-Ich gewünscht und vorgestellt hat; alles läuft nach anderen Gesetzen als den vom Ich vorgeschriebenen ab. Aber es scheinen in sich streng geordnete, logische Abläufe zu sein – dem Ich allerdings nicht durchschaubar. Es verzweifelt fast darüber, verhindert dadurch ein Aufkommen festlicher Stimmung bei sich selbst und erwacht mit dem Gefühl, alles falsch gemacht zu haben.
Der Tisch ist nicht – wie bestellt – hufeisenförmig, was wahrscheinlich Glück verheißend hätte sein sollen, sondern rund. Er ist nicht auf gewohnte Art mit Blumen geschmückt; der Blumenschmuck ist vielmehr um ein Gefäß voller «Firlefanz» in der Mitte des Tisches angeordnet. Es sind nicht nur die geladenen Trauergäste anwesend, sondern noch zwölf weißgekleidete, unbekannte Gäste. Sogar Saalwächter sind da – und für dies alles wird das Ich am Ende noch finanziell aufkommen müssen! Diesmal hat nicht die Steuerung durch das Ich die Oberhand, hier sind unbekannte Mächte aus einem anderen Bereich am Werk. Wer kennt sie nicht, jene Situation, in der alles, aber auch alles anders abläuft, als man es geplant hat?
Bereits das Lokal wirft Fragen auf. Es ist nicht durch Wände abgegrenzt, vielmehr bilden große grüne Pflanzen den Abschluß. Eine natürliche, keine künstliche Abgrenzung legt den Schluß nahe, daß hier nicht die starre, berechnende Ver-

nunft trennend, abgrenzend und unterteilend vorherrscht, sondern ein etwas freierer, natürlicher, aber doch eigenartig strenger Geist herrscht. Der Nachthimmel überdeckt den Raum und schließt ihn – und damit wohl das ganze Geschehen – größeren Dimensionen an. Das Offensein nach oben, zum Himmel hin, läßt Raum für das Einwirken geheimnisvoller Transzendenz. Das Ganze hat numinosen Charakter. Nicht ein heller Himmel, sondern ein dunkler Nachthimmel schließt den Raum ab. Tatsächlich ist das Geschehen im Raum kein alltägliches. Etwas Feierliches vollzieht sich hier. Was bei einem früheren Traum über das Fest bereits angedeutet wurde, erfährt hier eine neue Dimension.
Schwarzgekleidete Saalwächter bestimmen darüber, wer eingelassen wird. Das gibt dem Ganzen das Gepräge einer Einweihung, die im Zusammenhang mit dem Tod des Vaters steht. Die Saalwächter erheischen Respekt, vielleicht wecken sie sogar eine gewisse Angst; denn sie scheinen das unergründliche, daher scheinbar dunkle Geschehen als eine Art Zeremonienmeister zu leiten. Sie erinnern an die Geharnischten in Mozarts Zauberflöte, die dort das Tor zur Einweihung bewachen und Pamina und Tamino zusammenführen. Sind die beiden Saalwärter Sendboten, die an der Schwelle zum Jenseits wachen wie jener Hund in einem späteren Traum?
Ein Tisch, an den sich alle setzen, wirkt Gemeinschaft stiftend. So saßen auch die Ritter der Artus-Runde zusammen, so saß Jesus mit seinen zwölf Aposteln zum letzten Mahl vereint. Eine sakrale Feierlichkeit liegt über dem ganzen Geschehen. Da ist nicht nur die Trauerfamilie beisammen, nein, an diesen Tisch werden zuerst zwölf weiße Gestalten gesetzt. Und erst nachher, regelmäßig zwischen diesen verteilt, auf Anweisung der beiden Saalwächter, dürfen sich die schwarzgekleideten Trauernden auch an den Tisch setzen.
Farben werden erst in ihrem Zusammenwirken so recht lebendig. Nun sind Schwarz und Weiß an und für sich gar keine Farben, sie stehen hier wohl vielmehr als Gegensätze ne-

beneinander – oder zutreffender gesagt: fügen sich aneinander, wenn wir an das Bild des Tisches mit dem Nebeneinander denken. Es gibt keinen härteren als den Schwarz-Weiß-Kontrast. Ein Denken, das sich ausschließlich in den kompromißlosen Kategorien des Entweder-Oder abspielt, bezeichnen wir als Schwarz-Weiß-Malerei. Es haftet ihm etwas Hartes, Scharfes, klar Abgrenzendes an, wie es kritisch unterscheidendem Geist eben per definitionem eigen ist.
Diese Art zu denken wird im Augenblick, da die Gegensätze nicht mehr in ihrer Zusammengehörigkeit gesehen werden, destruktiv. Es wirkt dann jedoch fördernd, wenn die aneinandergefügten Gegensätze sich als komplementäre Pole ergänzen und daraus eine neue Einsicht, ein neues Ganzes entsteht. Dadurch sind die Polaritäten zu schöpferischen Gegensätzen geworden, die – sich gegenseitig befruchtend – zu einer Wandlung, das heißt zu neuen Erkenntnissen führen. In diesen Zusammenhang ist auch der schwarz-weiße Hut des griechischen Götterboten Hermes, des Wandlungsbringenden par excellence, einzuordnen.
Der Preis für die Wandlung wird allerdings hoch sein, das Ich klagt darüber recht intensiv. Es wird sehr viel Mut kosten, sich ganz auf dieses Geschehen, das ja nicht vom Ich gesteuert werden kann, einzulassen. Einer Frau, der das Vertrauen in den mütterlichen Urgrund, ins Unbewußte schlechthin fehlt, und die sich daher einseitig unter die Schirmherrschaft ihrer männlich ausgerichteten Ratio gestellt hat, ist es kaum möglich, das Zepter des Verstandes aus der Hand zu geben, um sich einfach dem inneren Geschehen zu überlassen.
Aber die Aufmerksamkeit des Ichs wird trotz aller Umständlichkeit des Geschehens durch das Gefäß, das in der Mitte des Tisches steht, geweckt. Im früheren Festtraum trug die Hauptgestalt ein mit Silber durchsetztes Gewand. Jetzt besteht das ganze Gefäß aus einem zumindest silberfarbigen Metall, wenn nicht gar aus Silber. Silber wird als weiches Edelmetall dem Mond zugeschrieben, der bekanntlich weibli-

che Eigenschaften verkörpert. Silber ist der Glanz der dunklen, schwarzen Nacht. Das Gefäß als solches gehört von seiner Form und Aufnahmefähigkeit her dem Bereich der weiblichen Symbolik an. In der Alchemie ist das hermetische Gefäß immer der Ort, in dem sich die Wandlung vollzieht. Es ist gleichsam der Mutterschoß des Lebens, in dem eine neue Geburt geschieht. Daher stammt wohl der Glaube, es berge das Geheimnis der Metamorphose, der Wandlung. Im Gefäß kann auch das Lebenswasser aufbewahrt werden, womit es zum Behältnis des Lebens schlechthin wird. Daß das Ich von der Frage nach der Bedeutung des Gefäßes und dessen Inhalt gepackt ist, ist auf dem Hintergrund dieser Symbolik leicht verständlich. Dieses Wissen wäre wohl von entscheidender Bedeutung für das Ich; aber die Zeit dazu scheint noch nicht reif zu sein. Diese vorläufig dem Ich noch verschlossene, nicht direkt zugängliche Weiblichkeit kann erst dann zum Vorschein kommen, wenn die Auseinandersetzung mit dem Vater stattgefunden hat.

Betrachten wir nochmals die gesamte Anordnung, so erkennen wir eine Art äußeren Kreis, bestehend aus je zwölf weißen und zwölf schwarzen Gestalten, wobei im Traum sehr stark die Vier betont wird, die Ausrichtung nach den vier Himmelsrichtungen. Der Tisch formt eine Kreisfläche, gebildet aus Holz, das heißt einem gewachsenen Produkt aus der Natur, deren Mitte durch das silberne Gefäß markiert wird, wobei diese Mitte ihrerseits durch im Kreise aufgestellten Blumenschmuck, wiederum ein Produkt der Natur, umrandet wird. Die Betonung der Mitte wird zusätzlich durch den Knopf am Deckel unterstrichen. Vor uns ersteht deutlich ein Mandala, Kosmogramm und Psychogramm in einem. Der Begriff enstammt dem Sanskrit (!) und bedeutet «Kreis». Im Buddhismus wie Hinduismus ist das Mandala ein Hilfsmittel in der Meditation, in dem vom Meditierenden letztlich die Identität von Kosmos, Buddha und Selbst geschaut und somit zum eigentlichen Hilfsmittel für die große Verwandlung des Gläubigen wird. Die meditative Auseinandersetzung führt den Betreffenden zu sich selbst. C.G. Jung erkennt im Mandala ein Symbol zur Selbstfindung, ein Symbol des Selbst schlechthin.

Dieser Traum scheint eine Art Einweihungsmysterium in die Ganzheit der eigenen Seele zu sein, in deren männliche und weibliche Anteile sowie in deren Kern, das Selbst. Ein Symbol der Ganzheit erscheint zum Zeichen dafür, daß dieser Mensch auf der Suche nach seiner Ganzwerdung, auf dem Weg zur Individuation ist.

Dieser Vorgang vollzieht sich nicht einfach natürlicherweise. Er fordert Opfer: Das Ich muß seinen eindimensionalen Standpunkt zugunsten eines umfassenderen, ihm übergeordneten, nämlich demjenigen des Selbst, fallenlassen. Zudem muß das Ich die gesamten Kosten des Mahles tragen. Das heißt doch wohl, daß es für das mütterliche Prinzip der Ernährung einstehen muß. Oder anders ausgedrückt: Das Gemeinschafts- und Zusammengehörigkeitsgefühl stiftende sakrale Mahl wird durch den Einsatz des weiblichen Ichs ermoglicht.

So verbindet sich mit dem Tod des Vaters die Auflösung der einseitigen Tochter-Vater-Bindung. An ihre Stelle tritt eine umfassendere Beziehung zur Gesamtpsyche unter Aufgabe des absoluten Führungsanspruchs des Ichs. Dies ist ein Geschehen, das sich meistens erst in der zweiten Lebenshälfte zu vollziehen beginnt und zur Grundlage eines umfassenderen Lebensgefühls werden kann.

An den Wassern Babylons

Aufbruch

An den Wassern von Babylon, die lichtlos fließen, dunkel und ohne Reflexe, saßen die Kinder Israels tief verhüllt unter den Trauerweiden, an denen ihre Instrumente, mit denen sie nicht den Götzen singen wollten, hingen. Zuerst dachte ich, es seien dunkle Felsen, da sie so reglos an den dunklen Wassern saßen, aber sie waren völlig verhüllt. Darüber erhob sich erstaunlicherweise der Mount Rushmore mit den vier Präsidentenköpfen, also der verstümmelte Berg mit den Stein-(«Götzen»-)Bildern. Eine verhüllte Gestalt, die aber nicht dunkel, sondern hell war, nahm mich bei der Hand, ich wandte mich ab, und die Gestalt sagte: «Komm, wir gehen in ein anderes Tal.»

Ein Traum, der einen allein schon beim Lesen berührt und traurig stimmt – wie erst mag er sich der Träumerin selbst eingeprägt haben!
Da sieht Silvia M. nun also im Traum die Kinder Israels an den stumm dahinfließenden, dunklen Wassern Babylons sitzen. Das Motiv ruft jenes tragische biblische Geschehen aus dem Alten Testament (2 Chronik 36) in Erinnerung, da der Tempel Jerusalems zerstört, das Reich vernichtet und die übriggebliebenen Israeliten durch Nebukadnezar in die Babylonische Gefangenschaft geführt worden sind.
Das Wasser, seit alters als Ursprung allen Lebens verehrt, fließt hier licht- und freudlos dahin, als wohnte ihm kein Leben mehr inne. Es ist dunkel, mutet unheimlich an, ist reflexlos, spiegelt kein lebendiges Geschehen wider. Alle ihm sonst

innewohnende Kraft scheint abgeflossen zu sein. Wohin nur? Monoton fließen die Wasser dahin. Das Ich schaut einem scheinbar sinnlosen, mechanisch sich vollziehenden Geschehen, das an den unabänderlichen Ablauf des Schicksals erinnern könnte, teilnahmslos zu.
«Alles was ist, kommt aus dem Wasser», hat im 6. Jahrhundert v. Chr. Thales von Milet prägnant formuliert. Zahlreichen Schöpfungsmythen liegt diese Auffassung zugrunde. So wird auch in der Genesis (1 Mose) berichtet, wie im Uranfang der Geist Gottes über den Wassern schwebte. Das große Wasser, lat. mare (dt. Meer), weist sprachlich den gleichen Stamm wie die Wörter Mutter und Materie auf (sanskr. mâ) und hat die Bedeutung von «hervorbringen»: Das Wasser ist der Ursprung allen Lebens.
Obwohl das Wasser im Traum fließt und dadurch an Lebendigsein erinnert, scheint es hier mit Attributen des Todes umgeben: dunkel, lichtlos, reflexlos. Es erinnert an das Wasser der Styx, jenes Flusses, der im antiken Griechenland die Welt der Lebenden von der Welt der Verstorbenen geschieden hat. Die Kinder Israels sind in Gefangenschaft geraten. Ihrer Heimat beraubt, sind sie in der Welt zu Fremden geworden.
Sie sitzen stumm, regungslos, verhüllt da, so, als wäre kaum noch Leben in ihnen. Fern ihrer Heimat, von Gott verlassen, aller Hoffnung auf eine sinnvolle Zukunft beraubt, hüllen sie sich in Stillschweigen. Ihre Instrumente rühren sie nicht an; sie haben sie an die Äste der die dunklen Wasser säumenden Trauerweiden gehängt. Ihr einstiges Singen und Musizieren zu Ehren des Schöpfers ist verstummt. Die Musik ist wie eine große Zauberin. Sie kann im Menschen neue Kräfte wecken und ihn verwandeln. Hier aber darf sie nicht ertönen. Die Trauerweide mit ihren erdwärts hängenden Ästen, die an nicht versiegende Tränenströme erinnern, ist oft ein Symbol der Totenklage.
Unwillkürlich taucht die Erinnerung an die Zeichnung mit der schwarzen Frau auf. Sie sitzt dort auf einer Bank, die von

einem Baum überragt wird, der im Aussehen am ehesten an eine Trauerweide denken läßt. Silvia M.s Auseinandersetzung zu jener Zeit mit sich und ihrer Mutter beziehungsweise ihrem eigenen Frausein hatte damals jene ambivalenten Gefühle des Erkennens und Sich-Loslösens, von Nähe und Distanz, von Schmerz und Leben hervorgerufen, die sie ergreifend auf der Zeichnung ausgedrückt hat. Erneut ist Silvia M. in diesem Traum mit dem Schmerz konfrontiert. Im Anfangsbild wird die Trauerstimmung «babylonischer Gefangenschaft» festgehalten: alles Lebendige ist erstarrt. Hinter dieser Erstarrung verbirgt sich aber gleichzeitig auch Resistenz und Trotz. Die Instrumente stünden zur Verfügung, das Spiel auf ihnen wird jedoch verweigert. Denn die «Kinder Israels» wollen nicht den Götzen spielen; das heißt – von der alttestamentlichen Geschichte ausgehend –, zukunftsorientierte seelische Kräfte (Kinder Israels) sind unter eine fremde, sie unterdrückende Herrschaft (Nebukadnezar) geraten. Darüber herrscht innere Klarheit, das heißt, Silvia M. lehnt die Fremdbestimmung ab und verweigert ihren Dienst dem, was einerseits durch Nebukadnezar und anderseits durch die vier Steinfiguren dargestellt ist. Sie läßt sich nicht mehr durch einen väterlich-männlichen Führungsanspruch – entstanden aus ihrer einseitigen Beziehung zum Vater wie aus dem Leistungsanspruch ihrer unruhigen, unzufriedenen Mutter – beherrschen. Die passive Resistenz machte Nebukadnezar tatsächlich auch machtlos, die Steinfiguren sind bereits tote, nicht mehr wirkungsfähige Idole, aber sie führt trotzdem nicht weiter. Denn es ist ein fruchtloser Protest, weil er nicht aus der Unterdrückung oder genauer, aus der inneren Abhängigkeit hinausführt.

Höchst selten verläuft ein Leben geradlinig, schon gar nicht bei einem Menschen, der sich aus einer negativen Mutterbeziehung heraus befreien muß. Destruktive Kräfte bedrohen so lange jeden Aufbau – Ehe, Mutterschaft, Freundschaft, berufliche Karriere und anderes –, bis endlich der Vorstoß zu den ganz eigenen Kräften gelingt. Voraus geht immer eine schmerzvolle Leidenszeit, zum Beispiel in Form ständig sich wieder einstellenden Isoliertseins vom Geschehen der Welt trotz aller Bemühungen, daran teilnehmen zu können. Alle Anstrengungen, allgemein gültigen Normen – und damit der Mutter – zu genügen, fruchten letztlich nichts. Denn sie führen nicht zu sich selbst, sie führen vielmehr von sich weg. Es ist, als ob einem falschen Gott Gehör geschenkt würde, nicht dem eigenen Selbst, sondern dem «Gott-des-alles-korrekt-machen-Wollens». Erst ein Rückzug, das heißt eine Besinnung auf die eigenen Werte, die eigene Natur und die eigenen Gefühle, führt vom Wirken des negativen Mutterarchetypus weg und hin zu einem echten Aufbau, zu einer eigenen, spontanen Lebensgestaltung. Dies gelingt meist erst in der zweiten Lebenshälfte.

Im ersten Teil des Traumes wird eine Phase des absoluten Stillstandes aufgezeigt, kaum ein Lebenszeichen ist wahrzunehmen. Wir werden Zeuge dessen, was die Psychologie mit dem Begriff der Depression umschreibt. Niedergedrückt (im Traumbild sitzen alle und lassen den Kopf hängen), handlungsunfähig (niemand gebraucht die Hände, es wird keine Tätigkeit ausgeübt), gefühllos (die Instrumente erklingen nicht zum Ausdruck lebendiger Gefühle), erstarrt (sie sind kaum vom leblosen Felsen zu unterscheiden), kontaktlos und ohne Hoffnung noch Ausblick auf eine Zukunft (ihr Antlitz, ja ihr ganzer Leib ist verhüllt): so sitzen die Kinder Israels da. Ebenso definieren wir auch die Art des Erlebens in einer Depression. Aber im Traumbild – vor allem in den aufgehängten Instrumenten – steckt auch Widerstand durch Nichts-Tun, Handlungsverweigerung. Diese ist insofern unfruchtbar, als nichts geschieht, das die innere Situation verändert. Das Ich steht da vor einem Bild, das in seiner ausweglosen Traurigkeit dem, was wir uns gemeinhin unter Kindern als dem Inbegriff von Leben und Zukunft vorstellen, diametral entgegengesetzt ist. Was dem Ich an Vitalität und seelischer

Energie in Form der «Kinder Israels» im Grunde genommen zustünde, droht verloren zu gehen. Das Ich ist jeder Antriebskraft beraubt. Ein Bild der Trostlosigkeit ersteht vor uns, bar jeder Dynamik, ein Bild lautloser Wehklage, wie es im jüdischen Märchen, das der Träumerin zum Zeitpunkt ihres Traumes völlig unbekannt war, auf eindrücklich ähnliche Art und Weise seinen Ausdruck gefunden hat:

«Sie bissen ihre Finger ab»

Als die Juden von Nebukadnezar in die Gefangenschaft geführt wurden, wurde an den Flüssen Babels eine Rastpause eingeschaltet. Die Babylonier setzten sich hin, um zu essen und zu trinken, und die Juden setzten sich hin, um zu weinen und zu klagen. Da sagte ihnen Nebukadnezar: «Warum sitzet ihr da und weinet?»
Und er rief die Leviten, die Nachkommen der Söhne Moses, und sagte ihnen: «Ich will, daß ihr uns, während wir essen, Unterhaltung bietet. Steht vor uns und spielt uns etwas auf euren Zimbeln, Gitarren, Leiern und Pauken vor, so wie ihr es gewohnt wart, in eurem Heiligtum vor Gott zu spielen. Euer Dienst im Tempel hat nun aufgehört, unterhaltet uns jetzt mit eurer Kunst.»
Da blickten die Leviten einander an und sprachen: «Ist es denn nicht genug, daß wir unseren Tempel unserer Sünden wegen zerstört haben, sollen wir noch jetzt auf unseren Instrumenten diesem Zwerg etwas vorspielen?»
Sofort berieten sie sich und hängten ihre Musikinstrumente an die Weiden, die dort waren, auf. Zu Nebukadnezar aber sprachen sie: «Wie können wir jetzt jubelnd Zionslieder singen, da unser Heiligtum vernichtet ist und wir in ein fremdes Land geführt werden?»
Als aber der Babylonier Anstalten traf, sie mit Gewalt zu zwingen, ihm etwas vorzuspielen, erhoben sie ihre Hände zum Schwur: «Sollt' ich dein vergessen, Jerusalem, so versage meine Rechte!»
Alsdann faßten sie Mut und bissen mit den Zähnen ihre Finger ab.
Zur Belohnung für ihre Märtyrertat kam eine Wolke von Gott gesandt und trug sie samt ihren Zelten und samt ihrer Habe in ein fremdes Land jenseits des Flusses Sambation, wo sie das selbständige Königreich der «Söhne Moses» errichteten. (Aus: «Jüdische Märchen»)

Die Parallele zwischen Märchen und Traum berührt und zeigt, aus welch tiefen seelischen Schichten dieser Traum emporgestiegen ist. Es ist einer jener sogenannten großen Träume, die dem kollektiven Unbewußten entstammen.

Doch im weiteren Verlauf treten auch Elemente aus dem persönlichen seelischen Erlebnisbereich auf. Wie das Ich nämlich immer wieder gebannt diese tiefverhüllten Gestalten anschaut, erkennt es plötzlich, daß sich hinter ihnen der Mount Rushmore mit den vier Präsidentenköpfen erhebt.
Zum Verständnis dieser Stelle ist es nötig zu wissen, daß die Amerikaner seinerzeit in Verehrung vierer für die USA wichtiger Präsidenten deren Köpfe in die Felsen des Mount Rushmore (Dakota) gehauen haben. Es sind dies die Landesväter: George Washington, Thomas Jefferson, Abraham Lincoln und Theodore Roosevelt.
Über den weinenden Kindern thronen schützend die Väter. Doch welch groteske Idee, welch menschliche Vermessenheit kommt in dieser anmaßenden Tat zum Ausdruck! Der Fels als ein Stück unverrückbarer Natur in geologisch fernen Zeiten gewachsen, Zeuge der Festigkeit und Unveränderlichkeit, muß sich am Mount Rushmore einer Prozedur unterziehen, in der sich dem Europäer (jedenfalls dem Schweizer) eine amerikanische Haltung, nämlich das Sich-Hinwegsetzen über die Gesetze der Natur, ein der Natur gegenüber beziehungsloses, eigenmächtiges Handeln, zeigt, die er nicht schätzt.
Im Gespräch mit Silvia M. stellt sich heraus, daß es ihr seit eh und je vorgekommen sei, wie wenn damit der Berg kaputtgemacht, mißhandelt worden wäre. Ein Eingriff des Menschen wird hier sichtbar, der ihm nicht zusteht. Er dient der Glorifizierung der vier Staatsmänner. Ist es nicht, wie wenn der siegreiche Nebukadnezar uns grüßen würde, stolz auf seine Taten? Ist es nicht, wie wenn der überhöhte Vater uns vierfach triumphierend entgegengrinste?
Eine Episode aus der Studentenzeit relativiert das ganze Bild und setzt es in einen persönlichen Bezugsrahmen: In der Vorbereitungszeit auf die Abschlußprüfungen hat die Arbeitsgruppe, in der Silvia M. damals mitgemacht hat, zwischendurch zur Ergötzung und wohl zur Ablenkung von den Examensängsten Micky-Maus-Heftchen angeschaut und ent-

sprechende Kommentare abgegeben. So erinnert sie sich unter anderem an eine Geschichte, in der der Mount Rushmore zerstört wurde, was sie damals als sehr sinnvoll ansah. In dieser Jugendepisode liegt der Schlüssel zum tieferen Verständnis des Traumhintergrundes und sogar der direkte Hinweis auf jene Tat, die die Not wenden könnte und aus der hoffnungslosen Situation der Depression hinausführte: der Sturz der falschen Götter!

Der Traum bringt zunächst eine andere Lösung: Eine vorderhand noch unbekannte Gestalt löst sich aus den übrigen heraus und kommt auf das Ich zu. Sie ist noch verhüllt, unterscheidet sich aber durch ihre Helligkeit von den anderen. Das Ich wendet sich vom traurig-faszinierenden Anblick der Kinder Israels ab, wendet sich jedoch nicht sofort der Gestalt zu. Ein Augenblick äußerster Spannung – ein Zögern vor der Entscheidung – folgt, bis die hellgekleidete Gestalt dazu auffordert, mit ihr in ein anderes Tal zu wandern und dadurch zum Führer hin in ein unbekanntes Neuland wird. Im bloßen Anschauen und Erkennen der Erstarrung liegt für das Ich noch keine Abhilfe; Erlösung kann erst in der Loslösung davon stattfinden.

Und damit erhält der Traum eine neue Dimension: Aufbruch zur Wanderschaft, zur Pilgerschaft, Aufbruch zur Suche nach sich selbst. In seinem Kommentar zum «Geheimnis der Goldenen Blüte» schreibt Jung: «Der Weg ist nicht ohne Gefahr. Alles Gute ist kostbar, und die Entwicklung der Persönlichkeit gehört zu den kostspieligsten Dingen.» (Jung – Wilhelm, S. 15)

Bildbetrachtung (siehe Tafel 2/3)

Es scheint mir ein höchst interessantes Faktum zu sein, daß der Traum im allgemeinen über das Medium des Bildes zu uns spricht. Sobald wir ihn zu erzählen anfangen, besteht die Gefahr, daß wir ihn verfälschen; denn wir bedienen uns in dem Augenblick nicht mehr des ursprünglichen Ausdrucksmittels. Worte können entstellen, andere Schwerpunkte setzen, sind meistens rationaler als das Bild. Die Gefühlsebene des Traumes geht dadurch leicht verloren. Daher ist das Zeichnen und Malen des Traumes eigentlich die adäquatere Wiedergabe dieses tiefsinnigen Geschehens im Schlaf; denn es bringt die emotionale Färbung oft spontaner zum Ausdruck als die Sprache. Ein Bild, auch ein Traumbild, auf sich wirken zu lassen, kann jedesmal wieder neu zum Ereignis werden, weil es einen emotional ergreifen kann.

Und dennoch bedienen wir uns zur Darstellung des Geschauten üblicherweise des Wortes. Wichtiges drücken wir im allgemeinen ausschließlich in Worten aus. Die Sprache ist in unseren Breitengraden unter Erwachsenen das geläufigste Kommunikationsmittel. Oft ist sie aber in so hohem Maße abgegriffen, ungepflegt, verflacht, daß sie gern ins Allgemein-Gewöhnliche absinkt und dadurch den Bezug zur einmaligen, persönlichen Situation verliert. Der heutzutage viel beklagte Sprachverlust, den wir in einer wenig gepflegten Umgangssprache oder auch in den Massenmedien und in der Werbung erleiden müssen, erschwert die Möglichkeit, durch die Sprache unsere eigentliche Persönlichkeit zum Ausdruck zu bringen. Oder aber die sprachliche Ausdrucksweise ist derart intellektualisiert, daß darin gerade die Distanz zwischen dem Sprechenden und dem Gesprochenen in Erscheinung tritt. Infolge unserer einseitigen Vorliebe zum Wort drohen wir der Ausdrucksmöglichkeit unseres Wesens, unserer Eigenart durch sprachliche Verarmung, Vermassung oder Intellektualisierung verlustig zu gehen.

Um so direkter, erfrischender erleben wir die Aussage eines Bildes, wenn wir uns ihr spontan zu öffnen vermögen.

Auf den ersten Blick liegt hier ein Bild von ergreifender Schlichtheit vor uns, das darum so einprägsam ist. Die Aussage des Traumes verliert in ihrer Umsetzung ins Bild keineswegs an Gehalt, sie erfährt im Gegenteil eine aufschlußreiche

Präzisierung. Durch das Weglassen gewisser Einzelheiten gewinnt das Bild an Aussagekraft.
Diesem *allgemeinen Eindruck,* den diese Zeichnung bei unvoreingenommenem Betrachten auslöst, schließt sich im folgenden eine Analyse einzelner Kriterien an, die am Schluß in einer Art Synthese zusammengefaßt werden sollen.
Ungewöhnlich an diesem Bild ist die *Wahl des Papiers.* Es ist nicht zufällig vorhandenes Papier zum Einsatz gekommen, vielmehr geschah hier eine gezielte Wahl: Das schwarze Papier ist einerseits direkter Ausdruck des tragischen Traumgeschehens, des In-Gefangenschaft-Geratens, anderseits Bestätigung dafür, daß sich das ganze Geschehen auf einem depressiven Hintergrund abspielt. Zur Zeit dieses Traumes steckt die Frau in einer Depression, die sie sehr an sich zweifeln läßt und auf sich zurückwirft. Umgekehrt wird den inneren, seelischen Abläufen ein großer Wert beigemessen, was sich unter anderem in der sorgfältigen Wahl des besonderen Papiers zeigt.
Ebenso fällt das Papier durch sein *Format* auf. Die *Größe* kann als Ausdruck einer angemessenen Selbstwahrnehmung, das heißt des Selbstwertgefühls, gesehen werden, wobei sich jedoch sofort auch die Frage nach einem narzißtisch-infantilen Ich-Anspruch stellt. Wird im Großformat einer gewissen Selbstgefälligkeit gefrönt, oder wird ein Expansionsdrang ausgedrückt? Sicher war das Traumerlebnis so eindrücklich, daß ein Bedürfnis besteht, dieses adäquat wiederzugeben, und dazu kann das Papier nicht gut und nicht groß genug sein! In der gesamten Gestaltung (Raumaufteilung, Linienführung) waltet eine Großzügigkeit, die nichts für Schnörkel übrighat. Sie legt Zeugnis ab von der Ergriffenheit, vielleicht auch von einem durch den Traum ausgelösten Selbstvertrauen.
Die *Breite* des Formats lädt zum Erzählen ein. Sie birgt die Möglichkeit in sich, sich auszubreiten, sich niederzulassen, es ist genug Platz vorhanden. Das breite Format weist auf das

Natürliche, Vegetative – ganz allgemein auf das Leben auf der Erde – hin, was auf unserem Bild noch dadurch betont wird, daß vorwiegend die Erde in ihren verschiedenen Formationen dargestellt wird. Verwurzelt sein in dieser Erde gibt ein Heimatgefühl, schenkt Sicherheit. Es ist dieses Format, das samt dem Dargestellten zeigt, daß hier Boden unter den Füßen gewonnen worden ist, im eigentlichen Sinne des Wortes die Standfläche sichtbar wird. Will ich zu einem Sprung ansetzen, muß ich vom festen Boden aus abstoßen können. Solange ich nicht mit dem Boden in gutem Kontakt bin, ist kein Sprung möglich, keine Leistung, keine Entwicklung, kein Vorankommen. Im Augenblick, da ich einen tragenden Grund spüre, wird mir mein Ur-sprung – jener erste Sprung – vorbildhaft zur Kraftquelle. Durch die Ankoppelung an den Ursprung werden Impulse zum Leben frei. Sogenannte primitive Völker vollziehen in regelmäßigen Riten ihren Schöpfungsmythos und beziehen aus dem Vollzug dieser Darstellung ihre Lebensberechtigung sowie ihre Lebenskraft überhaupt. Wenn ein Mensch in sich begründet, verwurzelt ist, dann gelingt ihm der Sprung ins Leben, er spürt einen «Elan vital» im Sinne Bergsons in sich am Werke. Einem schöpferischen Akt geht immer eine «Gründung» (Kerényi), ein Einssein mit der Erde, mit sich selber voraus.
Im Querformat kommt die naturhafte Seite des Menschen zum Leben, seine Triebhaftigkeit, seine Instinkte, aber ebenso sein Gemüt. Es ermöglicht eine Betonung des Erdhaften, das oft in Beziehung zum Mütterlichen steht.
Allein aus diesen wenigen Gedanken zum Format wird deutlich, daß hier seelische Abläufe sichtbar werden, die zu einer echten, natürlichen inneren Festigung von Silvia M. führen. Das Blatt, das hier zur bildlichen Darstellung des Traumes gedient hat, könnte man als Feld des Lebens bezeichnen. Dieses scheint im vorliegenden Fall sehr groß zu sein und zur Ausfüllung, zu Beackerung und Nutzbarmachung – wie es bekanntlich im ersten, noch quadratischen Bild mit dem

Traktor bereits angekündigt worden ist –, zur Gestaltung zu locken. Das Leben ruft, es verlangt nach Realisierung. Das große und gleichzeitig breite Format hat Aufforderungscharakter im Sinne von: Nimm vom Leben, was dir zusteht! Dem Bild ist auch kein *Rahmen,* keine Einengung, keine Begrenzung gesetzt. Es läuft nach allen Seiten aus, es läßt Raum für spontane Abläufe. Auch hierin unterscheidet es sich grundsätzlich von jenem erwähnten ersten Bild, in dem durch die Parzellierung, die Abgrenzung in einzelne Felder, das Leben zu ersticken droht. Ganz anders ist das Lebensgefühl hier auf diesem Bild!

Den Schlüssel zum tieferen Verständnis eines Traumbildes liefert oft auch die Frage nach der *Symbolik des Raumes.* In der Aufteilung von rechts und links, von unten und oben, von einander gegenüberliegenden Quadranten, von vorne und hinten werden Gegensätze, die zueinander in einem Spannungsverhältnis stehen, sichtbar. Der Gegensatzspannung entspringt die Energie – eine physikalische Erkenntnis, die auch im psychischen Bereich ihre Gültigkeit hat.

Es fällt nicht schwer, in diesem Bild eine *linke* und eine *rechte Seite* zu unterscheiden. Allerdings sind es nicht zwei genau gleiche Hälften (der linke Teil beansprucht mehr Platz), die sich etwa säuberlich mit dem Lineal voneinander trennen ließen, sie fließen vielmehr in einer mittleren Region ineinander über. Die beiden Hälften beinhalten an sich unterschiedliche Bedeutungen, die einerseits auf dem Hintergrund der Symbolik beruhen, anderseits einem durch Empirie gesammelten Wissensgut entstammen. Je nach wissenschaftlichem Standort spricht man von links und rechts als dem Gegensatzpaar von Vergangenheit und Zukunft, Ich und Du, Introversion und Extraversion, passiv und aktiv, Regression und Progression, unbewußt und bewußt. Daraus geht deutlich hervor, wie das jeweilige Begriffspaar Polaritäten darstellt, die sich – falls sie aufeinander bezogen sind – zu einer Ganzheit ergänzen. Im Augenblick, da sie jedoch nicht komplementär in

Verbindung zueinander stehen, sondern vielmehr auseinanderfallen, entsteht eine Polarisierung, was im Psychischen einer Abspaltung gleichkommt.

Ein in der Psychologie besonders gern verwendetes Begriffspaar zur Charakterisierung der Links- und Rechtssymbolik ist dasjenige von weiblich und männlich. In ihrem komplementären Zusammenwirken führen diese beiden Bereiche zur Ganzheit Mensch. Dies scheint mir eine gefährliche, weil einseitige Betrachtungsweise zu sein, denn sie führt unwillkürlich zur Fixierung der Vorstellung dessen, was weiblich und männlich sein soll. Was meines Erachtens zu fatalen Fehlschlüssen verleitet, ist ferner die Tatsache, daß diese Sichtweise insofern patriarchalischem Denken verpflichtet ist, als sie links, das heißt weiblich, mit Vergangenem, Zurückliegendem, mit Introversion und Regression, mit Passiv- und Unbewußtsein gleichsetzt, dem Männlichen hingegen die Aspekte von Zukunft, Extraversion, Progression, Aktivität, Bewußtheit zuordnet. Durch diese Kategorien werden weder weibliche noch männliche Wesensart adäquat erfaßt. Vielmehr dienen derartige Zuordnungen zur Aufrechterhaltung eines Klischees, das in der Jungschen Psychologie leider allzuoft mit dem Archetypus verwechselt wird und dadurch zu verfehlten Definitionen von Frau und Mann beziehungsweise von Anima und Animus führt. Im weitern unterstreicht das Begriffspaar weiblich und männlich, auf die Raumsymbolik von links und rechts angewendet, den Primat des Mannes gegenüber der Frau, auch wenn die Psychologie noch so zu betonen versucht, mit diesen Begriffspaaren keine Wertung zu verbinden.

Auf Silvia M.s Bild ist das dunkle Geschehen der Gefangenschaft auf der linken Seite festgehalten. Der Rückzug aus dem aktiven Leben, das Verharren in der Trauer unter den Weiden, die Gefahr des Versteinertwerdens am düsteren Fluß sind bereits im Traum selber als eine der Vergangenheit angehörende Haltung erkannt worden, indem sich das Ich davon trennt und einer neuen Dimension zuwendet. Die Zeichnung verdeutlicht diese Tatsache aus dem Traum. Die gesamte linke Hälfte wird durch den Felsen zusammengehalten, aus dem zuoberst, alles dominierend, die vier Präsidentenköpfe herausragen. Auf den ersten Blick scheint die linke Seite wegen der vielen Figuren belebter zu sein als die rechte: verweilen doch sieben Gestalten am Ufer des Flusses und weitere vier hoch oben auf dem Berg. Aber es fehlt ihnen allen entweder das Leben, oder sie sind in der Verzweiflung erstarrt.

Der Vielfalt auf der linken Seite steht eine menschenleere rechte Seite gegenüber, die jedoch als Gegengewicht eine intensiv gestaltete Hügellandschaft, gekrönt von einem lichterfüllten Himmel, aufweist. Die leuchtendgrünen, am Horizont blau werdenden Hügelketten, die eine hinter der anderen liegen, locken zum Beschreiten, sie locken als Neuland und stehen in einem starken Kontrast zur Dumpfheit und Passivität der linken Hälfte. Eine großangelegte, noch menschenleere Landschaft lädt ein. Am Übergang zwischen links und rechts liegt ein Weg; er führt ins noch unbewohnte Land, er gliedert es gleichzeitig. Und darauf sind eben zwei Figuren, das Ich mit seinem Führer, unterwegs. Es tut sich etwas.

Es wäre unsinnig, weil überhaupt nicht den Tatsachen entsprechend, behaupten zu wollen, Silvia M. stelle auf diesem Bild durch die Links- und Rechtssymbolik dar, daß sie die weibliche zugunsten der männlichen Seite verlasse oder etwas Ähnliches. Vielmehr unterstreicht sie mit dieser Zeichnung ihren Aufbruch hin zu sich selbst als einer vitalen Frau, indem beispielsweise Babylonische Gefangenschaft und Präsidentenköpfe ausschließlich auf der linken Bildhälfte festgehalten sind. Damit drückt sie aus, daß jene Fehlhaltungen wie sie im Zusammenhang mit dem Erleben von Mutter und Vater, also jenem destruktiven mütterlichen Ehrgeiz wie auch jener Überhöhung väterlicher Werte, der Vergangenheit angehören. Sie haben in Regression, Minderwertigkeitsgefühle,

Verfolgtsein, Verschlossenheit, Depression und Resignation, in dumpfe Unbewußtheit im gesamten seelischen Bereich der jungen Frau geführt. Der Aufbruch nach rechts hin in die noch unbekannte grüne Hügellandschaft verkörpert eine Wende im innerseelischen Ablauf. Er eröffnet eine Zukunft, die aufrecht gehend – bewußt – vom Ich mit Hilfe seiner Begleitung erobert werden muß. Die Traumbotschaft «Komm, wir gehen in ein anderes Tal» entpuppt sich auf der Zeichnung als ein Schreiten – eine Progression – in einen neuen Lebensabschnitt hinein, der von weichen, runden Hügeln mit grünen Wiesen gekennzeichnet ist: Silvia M. hat Boden unter den Füßen gewonnen, der fruchtbar ist. In der Ferne thront ein blauer Hügelzug, der Horizont ist dort von der Sonne erleuchtet. Geist und Natur ergänzen sich künftig auf sinnvolle Weise. Silvia M. betritt das Neuland weiblicher Spiritualität (Geistigkeit), nachdem sie es geschafft hat, dem Gefangensein in der Passivität ihrer Depression den Rücken zu kehren und zu entrinnen.
Das Bild lebt aber auch sehr stark aus dem Gegensatz von *Vorder-* und *Hintergrund.* Da gibt es einerseits die Leidenden, Verhüllten, die sich vorn am Flußufer aufhalten, über ihnen die Steinfiguren; Fluß- und Felslandschaft sind die vordergründige Situation, aus der heraus das Paar sich löst, indem es auf dem in die Ferne führenden Weg schreitet. Dadurch, daß die aus dem Fels gehauenen Gesichter auf den Betrachter gerichtet sind und die beiden aufbrechenden Gestalten uns den Rücken zuwenden, ist die Spannung zwischen vorne und hinten, zwischen heute und morgen, zwischen Gegenwart und Zukunft, zwischen dem unmittelbar Faßbaren, Bewußten und dem weiter Entfernten noch erhöht.
Oben und *unten,* auf dieser Zeichnung Himmel und Erde, sind flächenmäßig sehr ungleich verteilt. Die Erde nimmt den größten Teil des Blattes in Anspruch: Was sich hier abzuzeichnen beginnt, bedarf als Grundlage des erdhaft Mütterlichen, der Instinkte, der Führung aus dem Unbewußten.

Dann verändert sich auch der Himmel, der Bereich des Geistigen, der Phantasien und Ideale, und wird durch warmes Sonnenlicht erhellt.
Das Bild ruft aber noch nach weiteren Raumaufteilungen. Auf der linken Seite innerhalb des braunen Felsens ist sehr deutlich ein Unten und Oben zu erkennen, durch die beiden Bäume voneinander getrennt. So könnte man unter Miteinbezug der gesamten Bildfläche von einem linken oberen und einem linken unteren *Quadranten* sprechen. Im unteren linken manifestieren sich erfahrungsgemäß gern Inhalte aus den tiefen Schichten des Unbewußten. In unserem Fall finden sich hier die verhüllten Figuren, die allesamt an Frauengestalten erinnern. Es scheint, als hätte sich um das einst lebendig Weibliche der Schleier der Depression gelegt. Das dunkle Wasser mit seiner unergründlichen Tiefe erinnert an das Unbewußte als dem Sitz allen Lebens, aller Erneuerung. Aber es scheint stumm zu sein. Denn die Gestalten am Ufer sind nicht frei: Vier Männerköpfe überwachen sie. In der oberen linken Ecke ist der Erlebnisbereich im Zusammenhang mit der väterlich-geistigen Welt lokalisiert. Diese ist hier zu Stein erstarrt. Als vergötterte Ideale, einstige Herrscher einer der größten Nationen der Welt, verkörpern sie wohl erstarrte kollektive Prinzipien, die einer Frau den Zugang zu einem lebendigen, eigenen Geist verbarrikadieren. In dieser Hinsicht belegt die Zeichnung, wie sehr die junge Frau zugleich Gefangene ihres positiven Vater- und ihres negativen Mutterkomplexes war, was in den beiden vorangegangenen Kapiteln bereits ausführlich geschildert wurde. Interessanterweise sind sämtliche Figuren der linken Hälfte mit der gleichen Farbe, nämlich mit Braun, gezeichnet, dem erdhaft-mütterliche Qualitäten innewohnen. Die positive Beziehung zu einem Vater, der innerhalb der Familie auch mütterliche Aufgaben erfüllt hatte, verunsicherte später die junge Frau in ihrem Selbstverständnis, so daß ganz allgemein eine starke Verunsicherung im Hinblick auf ihr Frausein eintrat. Zusammenfas-

send sei nochmals festgehalten, daß das tragische Geschehen ausschließlich auf der linken Bildseite festgehalten ist, was gegenüber der Wiedergabe des Traumes mit Worten eine Verdeutlichung im Sinne einer Klärung ist. Die Zeichnerin bringt zum Ausdruck, daß Gesetze, die bis vor kurzem ihre Gültigkeit hatten, der Vergangenheit angehören.
Der Vollständigkeit halber sei angefügt, daß die rechte untere Ecke der Ort der Mutter ist. Hier spielt sich alles Erleben, die Auseinandersetzung mit der eigenen Mutter ab; hier manifestiert sich aber auch das überpersönliche, archetypisch Mütterliche. In unserem Fall erhebt sich in diesem Quadranten ein saftig-grüner Hügel. Grün als Ausdruck des vegetativen Wachstums spielt in den Träumen dieser Frau immer wieder eine entscheidende Rolle. Es sei bloß an das grüne Mützchen des Kleinkindes oder an das grüne Samtgewand des Negers erinnert, in späteren Träumen tauchen auch noch grüne Edelsteine auf. Hier zeigt sich umfassend Mütterliches von seiner ausgesprochen gnädigen, natürlichen Seite, voller Kraft und Wachstum in sich, aber ebenso auch als vorläufig unbekanntes, unbewohntes Neuland. Die alten destruktiven Kräfte, die von einem negativen Mutterkomplex ausgingen, sind hier nicht mehr wirksam.
Auch vom Gesichtspunkt der einzelnen Quadranten her gesehen, herrscht also im Bild eine geballte Spannung an Gegensätzen, gleichzeitig strahlt es aber Ruhe und Zuversicht aus.
Die Raumaufteilung durch horizontale und vertikale Linien wird diesem Bild jedoch nicht gerecht. Man darf hier keinesfalls die *Diagonale* übersehen, allerdings nicht von Ecke zu Ecke durchgezogen, sondern vielmehr innerhalb des Bildes immer wieder an anderen Orten auftretend. So fließt beispielsweise der Fluß diagonal, oder einzelne Hügelketten liegen diagonal hintereinander. Eine starke Diagonale bildet der rechte Abschluß des Mount Rushmore, also in jener bedrohlich väterlichen Region; sie wird aber nicht bis in die untere rechte Ecke durchgezogen. Jener mütterliche Ort wird

davon nicht mehr tangiert: das Neue scheint sich vor der alten, zerstörenden Kraft schützen zu können.
Eine weitere Diagonale weist von der Mitte unten geradewegs in die Hügellandschaft hinein. Diese Linie wird in der Psychologie als Entwicklungslinie bezeichnet; denn sie führt direkt in den rechten oberen Quadranten, den Ort der bewußten Auseinandersetzung. Dort geht ja auf unserer Zeichnung auch das Licht auf. Es ist prognostisch vielsagend, daß diese Entwicklungslinie ausgerechnet den Weg ausmacht, auf dem das Ich in ein neues Dasein aufbricht. Damit wird ausgedrückt, daß die Progression zu einer Entwicklung und Entfaltung einer weiblichen Geistigkeit (Hügel und Sonne) und damit zu einem neuen Frausein und nicht etwa bloß zu einem Schreiten im Kreise führen wird. Daß das hellgrau-rote Paar seinen Marsch ausgerechnet am Kreuzungspunkt der beiden letztgenannten Diagonalen beginnt, ist ein Hinweis auf die geballte Energie, die dem Aufbruch innewohnt.
Diagonalen sind dynamischer als vertikale oder horizontale Linien. So wohnt diesem Bild auch von daher eine immense Gegensatzspannung inne. Einerseits bringen die Diagonalen *Bewegung* ins Geschehen, die durch das gehende Paar und das Motiv des Weges zusätzlich unterstrichen wird; die von oben nach unten führenden Links-Rechts-Diagonalen bringen durch ihre Wiederholung Bewegung in Form von Rhythmus ins Bild. Demgegenüber steht das statische, in seiner Erstarrung dem Untergang geweihte, zukunftlose Geschehen. Allerdings sind die vier Männerköpfe noch überdimensioniert groß; ihre *Proportion* im Vergleich zu den übrigen Lebewesen legt wohl Zeugnis ab von ihrem überaus großen Einfluß. Daß sie körperlos sind, entspricht nicht nur der amerikanischen Wirklichkeit am Mount Rushmore, sondern zeigt auf, wie leibfeindlich – oder wie einseitig kopflastig – die geistige Entwicklung der Analysandin verlaufen ist: Sie sind Ausdruck eines verselbständigten, abgespaltenen, daher tödlichen Animus.

Das Bild spricht den Betrachter auch infolge seiner *Perspektive* an. Sie macht das Geschehen beinahe greifbar. Die Perspektive ist sehr stark eine Ausdrucksform des Bewußtseins; denn sie fordert einen genau festgelegten Standort, von dem aus das Bild erfaßt wird, das heißt, sie fordert einen Ich-Standpunkt. Sie zeigt auf, wie das Ich das im Traum Erlebte bewußtmacht. Durch das Mittel der Perspektive erfährt das Darzustellende die ihm eigene Strukturierung (z.B. in der Hügellandschaft), vor allem erhält das Bild seine beeindrukkende Tiefenwirkung. Was da aufgezeichnet worden ist, hat seine eigene Tiefe, die es lebendig, wirklichkeitsnah, erlebbar, vielleicht sogar nachvollziehbar macht. Dadurch, daß die zwei aufbrechenden Figuren dreidimensional im Raum stehen, erhalten sie Leben. Sie werfen sogar Schatten, was ein Hinweis auf die Lichtquelle ist, auf die zu sie marschieren: Die beiden scheinen auf einen Weg hin zum Licht, hin zur Klärung, hin zur Bewußtwerdung aufgebrochen zu sein. Dazu gehört immer auch als entscheidender Faktor das Wissen um seinen Schatten. Ohne dieses ist jeder Aufbruch illusorisch.

Wenn schon die Linienführung und die Perspektive beziehungsweise die Körperlichkeit dem Bild Leben einhauchen, so bringt der Einsatz der *Farben* es vollends zum Klingen. Farben sind weitgehend der Ausdruck unserer Emotionalität, die Welt der Gefühle ertönt in Klängen und klingt in Farben auf. Nicht alle Arten von Farben haben die gleiche Wirkung, sie haben auch nicht alle dieselbe Aussagekraft. Pastellkreiden, wie sie hier verwendet werden, zeichnen sich durch ihre Weichheit, ihr Ineinander-Überfließen ohne scharfe, harte Grenzen aus. Fließende Stimmungen lassen sich durch dieses Zeicheninstrument gut einfangen. Pastellkreiden reizen durch ihre starke, nuancierende Farblichkeit zum Gestalten, sie wecken ein schöpferisches Flair, das der Eigenwirklichkeit des Psychischen gerecht wird, sie zum Tragen kommen läßt. Das gilt im besonderen für dieses Bild, dem eine zusätzliche

Eigenheit anhaftet. Im Augenblick der Fertigstellung wurde es mit einer entsprechenden Flüssigkeit fixiert. Dabei sog das eher rauhe Papier die Leuchtkraft der Pastellfarben auf. Ein tiefes, erschreckendes Erlebnis für die Zeichnerin: Es war, als ob sie das Wirken der Depression mitansehen konnte. Der matte, schwarze Untergrund entzog dem Bildgeschehen den ihm innewohnenden Glanz und gab ihm somit sein düsteres, lust- und freudloses Gepräge. Das ertrug die Zeichnerin nicht, weil es nicht mehr ihrer momentanen seelischen Situation entsprach, die sie dank intensiver Auseinandersetzung mit den Aussagen des Traumes durch zeichnerisches Darstellen wesentlich geklärt hatte. Sie hatte sich dem dunklen Wirken der Depression entziehen können. So griff sie zu Farbstiften, übermalte alles und lockte damit wenigstens teilweise den Glanz der ursprünglichen Farben wieder hervor. Mit dem Farbstift kann der Zeichnung eine gewisse vorsätzliche Note aufgedrückt werden, was sicher dort geschah, wo nun eine starke Konturierung das Bild bestimmt. Aber im gesamten gesehen, hat die Zeichnung ihre Weichheit nicht verloren.

Das Bild lebt weitgehend von den Farben Braun, Grün und Blau. Durch ihre Einmaligkeit kommen dem Rot und Hellgrau wie dem Gelb eine besondere Bedeutung zu.

Das *Braun* hat als Farbe der Erde mütterliche Qualität. In unserem Bild tritt es als Farbe des Hintergrundes, gleichzeitig aber auch als Farbe der männlichen wie weiblichen Figuren auf sowie der beiden Baumstämme. Damit wird wohl bildlich-farbig das letztlich nicht voneinander unterscheidbare seelische Agieren und Reagieren dargestellt, das auf dem Hintergrund des weiblichen Ich unserer Analysandin durch deren vorher ausführlich geschilderte Mutter- und Vaterbeziehung verursacht wird.

Braun sind auch die abgestorbenen Blätter, Braun erinnert an den Herbst und verbreitet eine wehmütige Abschiedsstimmung, es wird zur Farbe der Traurigkeit. Damit ist auf unse-

rem Bild die Situation der Gefangenschaft, psychologisch ausgedrückt die Tatsache der Depression festgehalten.
In seltsamem Kontrast dazu stehen jedoch die grünen Zweige der beiden Trauerweiden. Da zum *Grün* schon ausführlich im zweiten Kapitel berichtet worden ist, will ich mich hier kurz fassen. Gebunden an die Äste, weist das Grün unumwunden auf den Zusammenhang mit dem pflanzlichen – und damit dem natürlichen – Wachstum hin. Mitten im toten Braun eine grüne Oase des Wachsens und Gedeihens! Es ist beinahe, als ob sich die Äste der beiden Bäume schützend über die der Traurigkeit verfallenen Gestalten beugen würden, wie eine Geste des Erbarmens und der Hoffnung auf andere Zeiten. Grün ist auch die Landschaft der rechten Seite des Bildes, jene Landschaft, in die aufzubrechen sich die beiden aufrecht gehenden Gestalten eben entschlossen haben. Das saftige, leuchtende Grün kündet von einer wachstumsfreudigen Situation; es ist ein frisches Grün, das wohl auch den Aspekt des Neuen, Neuartigen in sich birgt. So sind die zwei Gestalten auf einem erdig-natürlichen und nicht gepflasterten oder betonierten Weg unterwegs in Neuland, dessen Unter- und Hintergrund – eben die grüne Hügellandschaft – tragend und gleichzeitig natürlich ist. Der Eintritt in die zweite Lebenshälfte vollzieht sich für Silvia M. auf einem ureigenen, weiblichen Grund, der trägt und Halt gibt, so daß ein Schreiten auf die Welt zu, hin zum Du, mit echtem Selbstwertgefühl, mit erwachter Vitalität möglich wird.
Das *Blau* als Farbe der Hügelketten am Horizont verleiht der Landschaft eine ungeahnte Tiefe. Es bildet gleichzeitig einen Schutz, erinnert an den bergenden Mantel Mariens oder, wie Schliephacke meint: «Das Blau ist die Begleitfarbe der weiblich betonten Himmelsnacht, das Gold deutet die Vollkommenheit durch das unwandelbare Gesetz (der Sonne) an» (S. 18). In unserem Bild treffen sich die beiden Farben am Horizont. Eine Bewußtseinsveränderung zeichnet sich dort ab, indem zwei sich ergänzende Eigenschaften des Geistes,

kühle Klarheit (blau) und erleuchtende Wärme (gelb), aufeinanderstoßen. Darauf zu ist das menschliche Paar unterwegs.
Rot ist das Blut, Rot ist somit die Farbe des Lebens, der Lebensfreude, der Liebe und Wärme. Kraftvolles, feuriges Rot ist Ausdruck von Vitalität und Aktivität schlechthin. In auffallendem Kontrast zu diesem Rot, das eigentlich Signalcharakter aufweist, indem es Aufbruch, neues Leben und Wärme verheißt, steht das Fehlen von Händen bei der in Rot gehüllten Gestalt. Interessanterweise identifiziert sich die Zeichnerin während des Zeichnens ganz eindeutig mit dieser roten Gestalt, die deutlich von der hellgrauen, noch verhüllten geführt wird. Das Ich scheint noch nicht mit dem aktiven Instrument des Zu- und Anpackens – der Hand – ausgerüstet zu sein, es ist damit noch nicht voll handlungsfähig und muß deshalb noch geführt werden, muß sich den Weg weisen lassen. Rot ist die Komplementärfarbe zu Grün. So gesehen, gehören Figur und Landschaft eng zusammen, sie ergänzen sich gegenseitig.
Grau ist eine Mischfarbe; sie besteht zu unterschiedlich großen Anteilen aus Weiß und Schwarz. Insofern Schwarz und Weiß Ausdruck härtester Gegensätze sind (wie sie im vorangegangenen Traum im Zusammenhang mit dem Leichenmahl zum Ausdruck kamen), ist Grau die Farbe der Vermittlung, manchmal ganz spezifisch der ausgleichenden Gerechtigkeit. Im Grau liegt deutlich eine Ambivalenz: Die Versöhnung zwischen zwei extremen Standpunkten kann auf einem Nichtwahrhabenwollen der Unterschiede basieren und führt so zu Gleichmacherei, zu grauer Eintönigkeit. Zu einer Synthese zwischen Extremen zu finden, kann aber ebensosehr Ausdruck von Weisheit sein. Umgekehrt liegt im Grau auch etwas Anfängliches, Ungetrenntes, Noch-nicht-Geschiedenes. Bedeutung fällt dem Grau als Farbe der Ganzheit zu, den schwarzen und weißen Pol in sich vereinigend. So trägt Christus als Weltenrichter in der mittelalterlichen Ikonographie einen grauen Mantel. Im Grau ist ein Wissen um die Ex-

treme vorhanden, im Grau lebt ebenso die Versöhnung der Extreme, im Grau liegt auch der nicht differenzierte Gegensatz: Grau ist der Anfang wie das Ende einer Entwicklung. Wahrhaft eine echte Führergestalt! Wobei allerdings nicht zu übersehen ist, daß die beiden, die rote und die hellgraue Gestalt, ungefähr gleich groß sind. Es ist also nicht einfach ein Lehrer-Schüler-Gefälle, sondern da scheint sich etwas Gleichwertiges anzubahnen. Wohl ein Hinweis darauf, daß es hier nicht um äußere, in der Umgebung der Träumerin vorfindbare Personen geht, sondern vielmehr darum, daß diese beiden Gestalten eigene innere, seelische Kräfte verkörpern.
Packend ist die Tatsache, daß dieses menschliche Paar eine Art Entsprechung in den beiden Trauerweiden hat. Die Zahl Zwei spielt überhaupt eine wichtige Rolle in diesem Bild, sie taucht auch nochmals in den beiden verschiedenartigen Landschaftstypen, der braunen Felslandschaft links und der grünen Hügellandschaft rechts, auf.
Zahlen drücken nicht nur eine Anzahl oder Menge aus, sondern ebenso Ideen und Kräfte. Jede Zahl weist ihren eigenen Charakter auf. Grundsätzlich unterscheiden wir zwischen geraden und ungeraden Zahlen und erkennen darin wiederum eine Polarität. Diese wird im allgemeinen mit dem Gegensatzpaar weiblich (gerade) und männlich (ungerade) charakterisiert. Eine derartige Bezeichnung entstammt wiederum einseitig patriarchalischem Denken und führt daher unwillkürlich zu den gleichen Fehlschlüssen, wie ich es schon anhand der Links-Rechts-Symbolik aufgezeigt habe. Die Eins, der Beginn des Zählens, ist nur dann männlich, wenn die Schöpfergottheit, die den absoluten Anfang setzt, einseitig männlich gesehen wird. «Die Eins ist der Beginn, Gott als der Erste (sumerisch Anu), nach Pythagoras das Männliche an sich, der das Eine hatte, das der Frau fehlt» (Schliephacke, S. 77). Damit erhält der Mann erneut den Primat, und die Frau wird zum Mängelwesen degradiert. Daß Freud diesem Irrtum verfallen ist, wie es beispielsweise in den «Drei Ab-

handlungen zur Sexualtheorie» nachzulesen ist, und daß auch Jung trotz einer aufgeschlosseneren Haltung gegenüber der Frau diesem Denken nicht ganz entronnen ist, darf uns nicht am Umdenken hindern. Denn diese Sichtweise hält heutigen modernen Erkenntnissen nicht mehr stand, wie immer mehr Forschungsresultate verschiedenster Wissenschaftszweige aufzeigen. Es ist aus meiner Sicht irreführend, verabsolutierend von männlichen und weiblichen Zahlen – wie übrigens auch von ausschließlich männlichen und weiblichen Farben – zu sprechen, weil man dadurch der einzelnen Zahl beziehungsweise Farbe nicht gerecht werden kann, indem diese nämlich vielfältige Aspekte aufweist. Erneut würde man dadurch männlich und weiblich an Eigenschaften festbinden, die den beiden Begriffen nicht entsprechen und die die beiden Erscheinungsweisen absolut festlegen würden, was der Realität von Mann und Frau, von männlich und weiblich und damit auch von Animus und Anima widerspricht.

Hingegen drückt sich in den Zahlen eine mikro- wie makrokosmische Ordnung aus. So erkennen wir in der *Zwei* die Zahl des Paares und gleichzeitig der Gegensätze. Es ist zum Beispiel auf dem Bild *eine* große Landschaft dargestellt, aber sehr deutlich eine gegensätzliche. Dasselbe gilt wohl für das menschliche Paar, das zusammengehört, indem es sich miteinander gleichzeitig auf denselben Weg macht, aber in gegensätzlich gefärbter Kleidung einhergeht. Einzig die Trauerweiden scheinen ganz gleich zu sein, eine ist zwar ein wenig größer als die andere. Die Entscheidungen, die auf unserem Bild thematisiert worden sind, vollziehen sich im Bereich der Zwei: das Erkennen von Gegensätzlichem in der eigenen Psyche, das dennoch zusammengehört und sich nicht etwa ausschließt (dargestellt im unterschiedlichen Paar, das sich von den anderen Figuren löst), oder die Erfahrung seelischer Ganzheit in den beiden unterschiedlichen Landschaftsstrukturen (wovon eine verlassen wird). Das menschliche Paar löst sich aus dem ungeschiedenen Erlebnisbereich der linken Sei-

te. Die Zwei weist in diesem Zusammenhang der Unterscheidung und Differenzierung auf einen Bewußtseinsprozeß hin, an dessen Beginn sich Silvia M. auf ihrer Zeichnung dargestellt hat. In der Zwei stecken aber auch der Widersacher, die Zweifel, der Konflikt: Auf dem eben angetretenen Weg wartet noch manche Schwierigkeit auf die Analysandin.
Die *vier* Präsidentenköpfe bilden eine in sich geschlossene Einheit. Die Vier ist die erste Zahl in der Zahlenreihe, die eine Vollständigkeit bedeutet. Sie weist auf eine Ganzheit hin. In unserem Fall erkennen wir, wie diese Vier einen Stillstand in der seelischen Entwicklung bewirkt. In ihrem Absolutheitsanspruch lassen die vier überhöhten Präsidentenköpfe nichts anderes zu, sie unterbinden jede eigenständige Entfaltung. Sie bringen Tod und Stillstand in Form der Depression. Die Vier tritt hier in ihrem negativen Aspekt auf, vielleicht weil sie ausschließlich auf der unbewußten Seite zu finden ist, das heißt, weil diese ausschließende, einseitige Bindung an den Vater bis jetzt der Träumerin unbewußt war, so daß dieser Vaterkomplex ein das Ich beherrschendes, es steuerndes Eigenleben führen konnte. Das Motiv der Bäume weist jedoch auf den Wandel in diesem Geschehen hin!
Die *sieben* Trauernden sind – ähnlich wie die vier Köpfe – auch in einer ganzheitlichen Form anwesend. Denn die Sieben ist eine Zahl der Vollkommenheit im Sinne eines zeitlichen Zyklus im Mikro- wie im Makrokosmos. Sie weist darauf hin, daß die Gefangenschaft nicht einfach vorgetäuscht (es sei an die sieben toten Kühe des ersten Traumbildes erinnert), sondern sehr wahr ist, indem sich diese Frau in ihrem bisherigen Leben tatsächlich oft als gelähmt, das heißt in sich und ihrer Traurigkeit gefangen gefühlt hat. Aber es ist nicht zu übersehen, daß sich in der Sieben etwas ankündigt, das sowohl auf einen Abschluß wie auf Kommendes hinweist. Als Zahl der Fülle – wie schon im ersten Kapitel ausgeführt wurde – geht sie der Acht, der Vollendung, einer differenzierten Ganzheit, voraus. Die Sieben enthält, ganz einfach ausge-

drückt, den Hinweis auf einen bevorstehenden Entwicklungsprozeß.
Ich verzichte hier auf ein nochmaliges Eingehen auf die Symbolik der verschiedenen *Motive* oder Inhalte dieses Bildes. Sie sind in diesem Kapitel immer wieder zur Sprache gekommen. Zusammenfassend wird deutlich, daß hier ein seelischer Prozeß festgehalten wird, der sich zuerst in einer die ganze weibliche Psyche erfassenden Depression manifestiert, aus der heraus langsam Kräfte hervorgehen, die zu einem Aufbruch führen. Waren zuerst die Präsidentenköpfe – stellvertretend für das Wirken eines Vaterkomplexes – Richtschnur allen Geschehens, so richtet sich das aus der Erschlaffung neu geborene Ich samt seiner dazugewonnenen Führung auf seinem ihm vorgegebenen Weg nach der Sonne aus, einem überpersönlichen, lebenspendenden Prinzip. Wir werden Zeuge eines wohl bis ans Lebensende dauernden Prozesses der Selbstverwirklichung durch Bewußtseinserweiterung. Oder wie C.G. Jung schreibt: «Individuation bedeutet: zum Einzelwesen werden, und, insofern wir unter Individualität unsere innerste, letzte und unvergleichbare Einzigartigkeit verstehen, zum eigenen Selbst werden» (Die Beziehungen zwischen dem Ich und dem Unbewußten: Ges. Werke 7, S. 191; Grundwerk 3, S. 56).
Im Traum – vor allem aber im Bild – ist eine Gestaltungskraft am Werk, die einer Depression zuwiderläuft. Das Fehlen der Instrumente auf der Zeichnung ist ein unübersehbares Indiz dafür, daß Silvia M. ihren Widerstand im Nichts-Tun, wie er noch im Traum wirksam ist, fallengelassen hat. Auf der Zeichnung ist sie aufgestanden und tritt aktiv ihren eigenen Weg an. Damit hat sie sich der Handlungsverweigerung entzogen.
Und doch geht dem Aufbruch notwendigerweise das Leiden, hier in Form einer Depression, voraus.

Unterwegs

Auf der Suche nach der eigenen Weiblichkeit

Das Babylon-Bild fesselt unsere Aufmerksamkeit durch seine Widersprüchlichkeit: der schwarze Grund schluckt die Leuchtkraft der hier verwendeten Farben. Daß die Farbe schließlich den Sieg davontragen wird, läßt die hellgrüne, sanft gewellte Hügellandschaft ahnen. Die linke Seite des Bildes ist inhaltsreich: sieben bräunliche, vermummte Gestalten kauern an den Ufern des Wassers, überschattet von weitausladenden Trauerweiden, alles überragt von den vier stattlichen Bergköpfen. Die rechte Hälfte birgt dagegen bloß zwei dahinziehende Gestalten inmitten einer Landschaft ohne jegliches Detail. Die beiden Teile des Bildes sind einander deutlich entgegengesetzt, sie widersprechen sich in der Aussage. Jede einzelne Seite scheint zudem in sich selber widersprüchlich zu sein: dort, wo Menschen sind, geschieht sonst im allgemeinen auch etwas. Aber ausgerechnet im bevölkerten Teil des Bildes regiert Starre. In der Weite der rechten Bildfläche tut sich etwas in aller Stille: zwei Menschen machen sich auf den Weg. Was sich dem Betrachter des Bildes als Gegensätzliches zwischen den beiden Hälften kundtut, ist für die Träumerin innere, durch und durch erfahrene Realität.
Durch den Auf-bruch jedoch wird der Bruch zwischen den beiden Hälften als zwei grundsätzlich verschiedenen Welten sichtbar und erst dadurch auch überbrück- und überwindbar. Psychologisch gesehen wird hier ein Bruch zwischen Vergangenheit (Gebundensein an die negativen Auswirkungen der

Beziehungen zwischen Eltern und Kind) und Zukunft (Realisierung weiblicher Spiritualität) deutlich. Erst in der Gegenüberstellung der beiden Seiten kann ein Entscheidungs- und damit ein Bewußtwerdungsprozeß einsetzen, indem zwischen zwei seelischen Zuständen gewählt werden kann.
Dieser Aufbruch ist ein stilles, vollkommen unspektakuläres Geschehen, das sich mit Hilfe ureigenster Kräfte – wie sie durch die Führergestalt dargestellt sind – abspielt. Einsam, aber nicht allein, weil auf die inneren Kräfte vertrauend, die unter anderem in der Begleitfigur symbolisiert sind, kann das Ich den neuen Weg in der großzügig gestalteten Landschaft antreten und damit den Durchbruch zu sich selbst als etwas, das sich vom Vorangegangenen unterscheidet, schaffen. Struktur und Farbe der Landschaft weisen auf neue Ordnungsstrukturen in der eigenen Seelenlandschaft der Träumerin hin.
In dieser Phase des beginnenden Aufbruchs hat Silvia M. einen für sie vorerst ganz unverständlichen Traum:

Ich hatte mit meiner Freundin eine Veranstaltung besucht. Als sie zu Ende war, traten wir vor die Tür, um zu sehen, ob es regnete. Da sahen wir den vollen Mond, der von einem wunderbar regenbogenfarbigen Hof umgeben war.
Meine Freundin wollte mir anhand der Farben beweisen, daß der Mond weiblich sei. Ich antwortete ihr, der Mond müsse männlich sein, denn die Astronauten hätten darauf ihre Fußspuren hinterlassen. Mit diesem «Beweis» war meine Freundin nicht einverstanden.
Jetzt war es plötzlich um die Mittagszeit, wir gingen auf einem Feldweg an Feldern mit reifendem Korn entlang, überall standen Mohnblumen. Vor einer besonders großen roten Blume blieb meine Freundin stehen. Im Kelch der Blume befand sich der Mond. Er hatte etwa die Größe einer kleinen Kirsche. Die Verwandlung war bewirkt worden mit Hilfe eines schönen Goldrings mit einem großen grünen Stein. Vorsichtig nahm sie den

Mond aus dem Kelch der Blume und sagte, ich solle ihr die Fußspuren zeigen. Ich betrachtete mir den Mond genau und konnte keine Fußspuren finden, um zu beweisen, daß der Mond männlich sei. Als es anfing zu regnen, legte sie den Mond vorsichtig in den Kelch der Blume zurück, die sich schloß, da man vorsichtig mit ihm umgehen müsse.

Das aufmerksame Lesen läßt uns bald vergessen, daß wir uns eben in einen Traum versenkt haben; es ist, als ob wir im Kino säßen und vom vor uns sich abspielenden Geschehen gepackt wären. Zwei Menschen treten vor die Türe und schauen in die Nacht hinaus. War im vorherigen Traum noch eine graue, unbekannte Gestalt als führende Begleitperson aufgetreten, so hat sich nun eine bekannte weibliche Gestalt, eine Freundin, zum Ich gesellt. Der anfänglich unbekannte, daher noch sehr bewußtseinsferne seelische Inhalt scheint sich dem Bewußtsein, hier dem Ich, in freundschaftlicher Art zu nähern, ohne dabei die Führungsaufgabe zu verlieren. Wir sprechen hier von einer dem innerseelischen «Schatten» zugehörigen Figur als einem gleichgeschlechtlichen seelischen Anteil, der dem Bewußtsein anfänglich nicht zugänglich ist. Eine Begegnung mit Anteilen dieses Schattens findet im vorliegenden Traum auf freundschaftlicher – also nicht auf feindlicher – Basis statt, was dem Ich ermöglicht, sich dieser bekannten und doch noch unbekannten Begleiterin anzuschließen. Im Bereich des Schattens handeln seelische Anteile, die denjenigen des bewußten Ich kompensieren. Ohne Licht kein Schatten – ohne Ich keine Konturierung. Der Schatten in der Natur verändert sich aufgrund der Lichtquelle zusehends. So ist auch der psychologische Schatten nichts Statisches, seine Dynamik stimmt sich in ergänzendem Sinne stets auf das Ich ab. Obwohl Teilaspekte des Schattens immer wieder fordernd ans Ich herantreten, weil sie erkannt werden möchten, kann der Schatten nie ganz aufgelöst werden; er bildet sich sofort wieder neu. Erkenntnisse unseres Bewußtseins beruhen in

dieser psychologischen Sichtweise auf der Einverleibung, das heißt Integration des Schattens durch das Ich.
Daß es im vorliegenden Traum um Erkenntnisvermittlung und damit Integrierung geht, wird unter anderem daraus ersichtlich, daß die beiden Frauen nicht einfach die Nacht und den Anblick des Mondes auf sich wirken lassen, um sich schließlich daran zu freuen, sondern es wird vom Ich ein Erkenntnisprozeß gefordert. Als Lehrgegenstand dient der Mond, im speziellen der volle Mond, umgeben von einer Aura.
Der Mond bringt Licht ins scheinbar chaotische Dunkel der Nacht und verleiht ihr einen stillen Glanz, der durch den Hof noch verhaltener wird. Es ist die Zeit des Vollmondes. Damit werden wir an die sich stetig verändernde Form des Mondes erinnert. Die Mondphasen liegen der Mondsymbolik und deren Verständnis zugrunde. Lurker meint: «Sie werden mit dem zyklischen Werden in Verbindung gebracht, über das der Mond gebietet, und sind Symbol für Geburt und Wachstum, Tod und Auferstehung.» (S. 379) Unübersehbar deutlich erleben wir den Mond durch sein phasenhaftes Erscheinen als Zeitmesser, aber nicht wie den strahlenden Vater Chronos, sondern vielmehr als ein nächtliches Mysterium, das gleichzeitig aufs engste mit dem Lebensrhythmus von Entstehen – Erblühen – Vergehen – Neuwerden verknüpft ist. Dem Mond wohnt die Macht über zyklische Vorgänge inne, er ist ein Fruchtbarkeitssymbol. Seine nächtliche Erscheinungsweise wie auch sein An- und Abschwellen lassen ihn zum Symbol weiblicher Fruchtbarkeit, weiblich-zyklischen Erlebens, weiblicher Schicksalhaftigkeit überhaupt werden. Zunehmender Mond, insbesondere aber Vollmond, sind günstige Zeiten, in denen zum Beispiel bei naturorientierten Völkern Initiationen und Opferungen vorgenommen werden, um die für die Neuwerdung wohlgesinnte Konstellation zu nützen.
Mit diesen kurzen Ausführungen zur Symbolik des Mondes ist gleichzeitig die Thematik des Traumes umrissen. Die Be-

gleiterin in der Nacht, eben die Schattenfigur, versucht dem Ich die Weiblichkeit des Mondes nahezubringen. Sie stützt ihre Aussage auf die Farben der Aura, die als Regenbogenfarben beschrieben werden. Wenn das weiße Licht gebrochen wird, so zerlegt es sich in die Farben des Spektrums, wie wir dies zum Beispiel im Phänomen des Regenbogens oder der Aura kennen. Im Spektrum sind alle Hauptfarben enthalten: Von Rot über Orange, Gelb, Grün, Blau bis Violett bildet sich ein lückenlos zusammenhängendes Farbband. Die Traumaussage wird dann verständlich, wenn wir uns vergegenwärtigen, daß die gesamte Mondsymbolik, also auch das Mondlicht, dem weiblichen Bereich angehört. Daher wird das gebrochene Mondlicht, das im Traum als Farbspektrum in Form des regenbogenfarbigen Hofes wahrgenommen wird, von der wissenden Instanz als weiblich bezeichnet, auch wenn das Ich dies noch nicht wahrhaben will und nach Gegenbeweisen in Form der Fußspuren männlicher Astronauten sucht. Der Reichtum an Aussagewert der Spektralfarben steht stellvertretend für den Gefühlsreichtum dieser Frau, insofern Farben Ausdruck menschlichen Erlebens, ja des Lebens überhaupt sind. Ich und Schatten können sich jedoch nicht einigen, sie bleiben unterschiedlicher Ansicht. Daraus entsteht eine beträchtliche Spannung.

Da ändert sich die Szene blitzartig: es ist Tag, Mittagszeit. Die Sonne steht im Zenit, aber nun ist nicht mehr alles wie im ersten Traum in der Glut der Mittagshitze erstarrt. Die beiden Frauen sind aktiv, sie gehen an reifenden, mit Mohnblumen durchsetzten Kornfeldern vorbei. Sonne und Tag sind Hinweise darauf, daß sich die innere Lage geändert hat. Es ist Tag geworden; das heißt, die veränderte Tageszeit im Traum weist auf eine Veränderung in der Bewußtseinslage hin. Das Thema ist noch das gleiche wie zu Beginn des Traumgeschehens, es geht um die Auseinandersetzung mit der Weiblichkeit; aber die innere Bereitschaft hat sich geändert, indem der Schatten mit seiner Aussage sozusagen ans Licht gerückt ist.

Das ganze Geschehen zwischen den beiden Frauen spielt sich im reifenden Kornfeld, also inmitten einer von Menschen bebauten, fruchtbar gewordenen Landschaft ab. Das reifende Kornfeld als Symbol reifender Weiblichkeit steht in direkter Fortsetzung zum Babylon-Traum: Auf der Suche nach sich selbst gelangt Silvia M. endlich in den ihr eigenen, lebendigen Bereich, auch wenn sie dies vorerst bewußt noch nicht recht begreifen kann. Das reifende Korn verweist auf ein Reifen der Saat, eigentlich der Frucht, hin: Der Schatten ist bereits im Besitz der Frucht der Erkenntnis. Mit der ihm eigentümlichen Konsequenz wendet er sich wiederum dem Thema zu.
Vor einer besonders großen roten Mohnblume bleibt die Freundin stehen. Der Mohn weist wie das Kornfeld auf vegetatives Wachstum hin. Als Blume erfreut er unser Gemüt. Die großen, feuerroten Blütenblätter sind bekanntlich zuerst eng ineinander verschlungen und falten sich nur langsam zu ihrer vollen, geöffneten Pracht auseinander. Sie sind außerordentlich zart, hauchdünn und stehen in seltsamem Kontrast zum kräftigen Stengel und Stempel. Das Komplementäre von Rot und Grün, das Wechselspiel von Kraft und Zartheit ergänzen sich und gehen derart ineinander über, daß uns die symbolische Aussage in dieser natürlich gewachsenen Form der Ganzheit tief berührt – so auch die Träumerin. Aber für sie knüpft sich an dieses symbolische Bild ein wichtiger Abschnitt aus ihrer Lebensgeschichte: Das Rot ruft sofort die Erinnerung an jene einschneidende, fürs Gefühlsleben der damals jungen Frau fatale Episode mit dem roten Kleid und der sterbenden Mutter wach. Die Blütenblätter des Mohns wirken bekanntlich wie leichter, zerknitterter Stoff eines duftigen Sommerkleides! Jener Augenblick ersteht von neuem, da der damals junge Mensch entgegen dem mütterlichen Wunsch seinen eigenen Willen durchgesetzt hat und das eigentlich verhaßte, weil einst von der Mutter gekaufte und der Tochter aufgedrängte Kleid zum Klinikbesuch ans Krankenbett der Mutter getragen hat. Kurze Zeit danach ist die Mut-

ter völlig unerwartet an den Folgen einer Operation gestorben, die Tochter aber erlebte den Tod als ihre Schuld. Jene ersten Gehversuche in Richtung Unabhängigkeit, den eigenen Willen durchzusetzen, endeten in Schuldgefühlen. Das rote Kleid gegen den Wunsch der Mutter anzuziehen, war sicher auch Rache für die Anschaffung des Kleides gegen den eigenen Wunsch und damit eine aggressive Handlung der Tochter, was deren Schuldgefühle noch verstärkte. Diese waren der Eigenentwicklung insofern hinderlich, als sie der damals noch jungen Frau jegliches Selbstbewußtsein raubten. Ihre eigenen Versuche, sich in ihrem Frausein zu entfalten, wurden dadurch mit Füßen getreten. Das heißt, die Schuldgefühle wurden so unerträglich, daß sich die junge Frau infolge einer ambivalenten, wenn nicht sogar negativ besetzten Mutterbeziehung selbst bestrafte, indem sie sich in eine Heirat hineinbegab, die sie eigentlich gar nicht wollte, und dort in eine Abhängigkeit, die sie hinderte, ihr Wesen als Frau zu entfalten.

Heute, am Mittag ihres Lebens, führt sie nun ein wissender, aber eben im Schatten des Bewußtseins liegender Teil ihrer selbst an den Ausgangspunkt jener fatalen Entwicklung zurück, um dadurch die Möglichkeit einer Änderung einzuleiten. Die Zeichen stehen gut: das Kornfeld reift, der Mohn blüht, es ist Frühsommer, die Sonne scheint wärmend – und ganz am Ende wird ja dann noch der alles befruchtende Regen einsetzen.

Aber es ist gar nicht so einfach, das alleinige Regiment des Ich aufzugeben und sich einfach dem zu überlassen, was sich von innen her meldet.

Die Freundin bleibt vor einem großen Mohn stehen. Sie weiß, daß in dessen Kelch der Mond ruht, den sie zuvor mit ihrem Ring hat kleinwerden lassen. Eigenartig berührt die Tatsache, daß der Ring einen grünen Stein hat. Immer dann, wenn eine Wende im Traumgeschehen eintritt, taucht die Farbe Grün auf. Das ausgesetzte Kind, das vom Ich mütterli-

che Zuwendung erhoffen kann, trägt ein grünes Mützchen. Der Neger, der dem Festgeschehen einen eigenartig undurchsichtigen, aber unübersehbar neuen Sinn verleiht, trägt ein grünes, silberbesticktes Samtkleid.
Hoffnung, Wachsen, Gedeihen einerseits, Anfang, Neuwerden, Veränderung anderseits liegen verborgen und doch offen vor uns. Der Ring ist durch seine Form, die weder Anfang noch Ende aufweist, ein Symbol des Ewigen. Er betont die Bindung an höhere Kräfte, an ein kosmisches Urwissen. Wer ihn trägt, bekommt höheres Wissen, höhere Fähigkeiten, wenn er ihn im richtigen Sinne anwendet. Verschiedene Märchen wissen darum.
Dank des Einsatzes des Ringes mit dem grünen Edelstein wurde der Mond so klein, daß er nun aus dem Kelch der Mohnblume sorgfältig in die Hand genommen werden kann. Und jetzt kann ihn das Ich aus der Nähe betrachten und findet seinen Beweis zur Männlichkeit des Mondes nicht vor: Er ist ohne jegliche Fußspuren. Es fehlt ihm die männliche Vergewaltigung.
Da setzt der Regen ein, der Mond wird wieder der schützenden Hülle des Mohnes anvertraut. – Der Kelch einer Blüte erinnert an ein Gefäß, das Regen und Tau, hier sogar den Mond, aufnehmen kann. Vielleicht erzählt der Traum auch von einem Geborgensein in diesem roten Kelch als in einer positiven Mütterlichkeit, was zur Bewältigung der Schuldgefühle beitragen könnte. In diesen Zusammenhang gestellt, bekommt das Rot die Qualität der Farbe der liebevollen Zuwendung, der Liebe an sich. Unwillkürlich wird nun der tiefere Sinn klar, der dem roten Kleid im Babylon-Traum zugrundeliegt: Silvia M. wird durch ihre Absage an alte Verhaltensmuster und Komplexe ein Aufbruch in einen Lebensabschnitt möglich, der durch liebende Zuwendung zu sich selbst und damit zum eigenen Leben charakterisiert ist. So wird sie auch die neurotischen Schuldgefühle ihrer verstorbenen Mutter gegenüber hinter sich lassen können. Die Chance des

Neuanfangs zeigt sich u.a. auch im roten Kleid, das damit Symbol für die Art der neuen Lebenshaltung wird.
Ein neuer Lebensabschnitt setzt ein, in dem es entscheidend sein wird, ob sich das Ich mit dem, was ihm von dieser Schattenfigur nahe gebracht worden ist, weiterhin auseinandersetzen wird. Der Schatten weiß mehr als das Ich, er weiß vor allem im Bereich des Weiblichen, dem er ja selber angehört, Bescheid. Ich und Schatten gehören eng zusammen, sie sind – wie bereits ausgeführt – stets gleichgeschlechtlich. Als Silvia M. ihre Analyse begann, war sie in einem todesähnlichen Zustand. Ihre Lebensfreude war erloschen, ihre Vitalität war einer weit um sich greifenden Depression erlegen. Sie fühlte sich in ihrer Ehe nicht als Partnerin akzeptiert, sie fühlte sich in der Welt der Frau nicht in ihren Werten aufgenommen. Sie selber stand ihren eigenen Empfindungen mißtrauisch gegenüber; sie wagte kaum, ihre Gefühlsregungen als Mutter gegenüber ihren Kindern zu bemerken, geschweige denn, sie zu leben. Sie war keine eigenständige Persönlichkeit, weil sie ihre eigenen Werte als Frau noch nicht kennen- und schätzengelernt hatte.
Als Mädchen wurde ihr der Zugang dazu durch eine vorwiegend nach männlichen Werten ausgerichtete Mutter verunmöglicht. Dementsprechend verhielt sie sich als junge Frau auch in der Ehe, indem sie sich den Werten ihres Mannes unterordnete, was eine Partnerschaft vorerst einmal verunmöglichte. Ihr weibliches Selbstwertgefühl war derart gestört, daß sie sich nur in seltenen Augenblicken, in denen sie sich vor dem Zugriff Dritter sicher fühlte, mütterlichen Gefühlen ihren Kindern gegenüber öffnete. Sie ließ sich lange Jahre von den allgemeinen Vorstellungen der Gesellschaft leiten, indem sie ihre Pflichten als Ehefrau so wahrnahm, wie es erwartet wird: Unterstützung und Förderung des Mannes unter Verzicht auf die Entdeckung und Entfaltung eigener Werte. Sie unterlag immer mehr einer einseitig männlichen Ausrichtung, bis nur noch rationale Werte zählten. Der erste Traum kurz

vor Therapiebeginn ist eine eindrückliche Schilderung der katastrophalen Folgen der Unterdrückung seelischer und der Überbetonung rationaler Werte.
Der jetzige Traum zeigt, wie das Ich diese einseitige Haltung sogar dem Inbegriff eines weiblichen Symbols, dem Mond, aufzudrücken versucht. Die Fußspuren der Astronauten sind Ausdruck des am liebsten alle Grenzen sprengen wollenden männlichen Eroberungsdrangs, eines Leistungsstrebens, das vor keinem Schritt zurückschreckt. Silvia M. hat sich ganz in den Dienst dieses rational ausgerichteten Lebensstiles gestellt. Dabei ist ihre seelische Vitalität und Kreativität vertrocknet, in ihrem bewußten Alltagserleben ist sie ihrer verlustig gegangen.
Allmählich begann sie so sehr darunter zu leiden, daß sie ihrer Therapiebedürftigkeit inne wurde. Und nun meldet sich im Traum eine seelische Schicht – wir nannten sie Schatten –, die den Zugang zu den weiblichen Dimensionen noch hat, diese lebt und dem Ich sogar den Zugang dazu ermöglichen will. Der Schatten ist, wie bereits zu Beginn dieses Kapitels ausführlicher dargestellt, stets verdrängtes Leben. Diese Verdrängung tritt dann ein, wenn das Ich sich vor bestimmten eigenen seelischen Fähigkeiten und Realitäten – vor allem auch vor deren Konsequenzen – fürchtet. Darum ist das, was im Bereich des Schattens angesiedelt ist, nicht immer nur negativ, ganz besonders dann nicht, wenn ein Mensch unter dem Stand seiner Möglichkeiten lebt.
Dies ist bei Silvia M. durchaus der Fall. Die verhängnisvolle Entwicklung trägt ihren Keim in der Kindheit; sie scheint Schicksal zu sein insofern, als ihre Mutter schon nicht in der Lage war, ihre Weiblichkeit zu leben und diese Schwierigkeit an ihre Tochter weitergegeben hat. Aber auch unsere bisherige Gesellschaftsordnung trägt das ihre dazu bei, indem sie die männlichen Werte immer noch höher schätzt als die weiblichen und damit versucht, die Frau dem Mann unterzuordnen. Die Seele ist an und für sich wertfrei, a-moralisch. Sie

lebt aus dem Wechselspiel der sich gegenseitig ergänzenden und stützenden männlichen und weiblichen Anteile.
Daher weiß der Schatten bei Silvia M. mehr als das Ich allein. Er manifestiert sich zu dem Zeitpunkt, da das Ich sich im Aufbruch, das heißt in einer Neuorientierung, befindet und sucht dem Ich jene Dimension bewußt zu machen, die es erst richtig zur Frau werden läßt.
Silvias neuer Lebensabschnitt wird daher unter anderem von der Auseinandersetzung, das heißt der Aufarbeitung ihrer negativen Weiblichkeit gekennzeichnet sein. Durch diese Arbeit gibt sie sich die Möglichkeit, sich dem durch ihre Geburt konstellierten Schicksal zu entziehen, indem sie versucht, zu einer positiven Einstellung ihrer Weiblichkeit und ihres Frauseins zu finden.
Seelisches Erleben ist meist nicht einfach geradlinig; oft ist es voller Gegensätzlichkeiten, wie zum Beispiel das Babylonbild aufzeigt, das uns als etwas Einheitliches anspricht, obwohl es voller Kontraste ist. Die Suche nach der verlorenen Weiblichkeit ist nur ein Thema, das diese Frau gegenwärtig in ihrem Alltag, in ihrer Analyse und in ihrem nächtlichen Traumerleben bewegt.

Märchen

In einer schlaflosen Nacht wird sie von unerklärlichen Ängsten heimgesucht; da fällt ihr ganz plötzlich im Wachliegen folgendes Märchen zu:

Der silberblaue Vogel

Es war einmal ein König, der alles hatte. In seinem Reich gab es große weite Wiesen, in denen die Haustiere neben dem Wild weiden konnten, waldreiche schattige Hügel und Täler und silberblitzende Seen und Bäche. Das Meer brandete silberglitzernd gegen die Küste und war reich an Fischen.

Lange Zeit war der König glücklich und zufrieden, bis er von einem Diener hörte, daß es einen wunderbaren Vogel gäbe. Er sei blau auf der Unterseite, so daß man ihn nicht vom Himmel unterscheiden könne, und silbern blitzend auf der Oberseite, so daß er auch von oben her unangreifbar sei, da ihn die Raubvögel in jenem wasserreichen Lande der silberblitzenden Bäche und Seen nicht bemerkten.

Als der König von diesem Vogel gehört hatte, ergriff ihn der heftige Wunsch, ihn zu besitzen. Er ließ alle Jäger seines Landes zusammenkommen und gab ihnen den Auftrag, den silberblauen Vogel lebendig zu fangen.

Nach einem Monat kamen alle Jäger des Landes zurück, sie waren niedergeschlagen und senkten ihre Köpfe. Eine steile Falte zeigte sich auf der Stirn des Königs, als sie zögernd von ihrem Mißgeschick berichteten. Er schickte sie abermals aus, dazu rief er jeden in seinem Reich auf, der Augen hatte, nach dem silberblauen Vogel Ausschau zu halten, und versprach eine hohe Belohnung.

Nach abermals einem Monat trafen die Jäger wieder zusammen. Ihre Köpfe waren gesenkt und ihre Stimmen bedrückt. Es scheint so, sagte einer, daß wir diesen Vogel nicht fangen können, da er für uns unsichtbar ist.

Die Falte auf der Stirn des Königs wurde tiefer. Er schickte seine Jäger abermals aus, die mit hängenden Köpfen davonzogen. Er selbst blieb einsam in seinem Schloß zurück, um dessen Türme der silberblaue Vogel Mittag für Mittag seine Kreise zog.

Das Märchen, das sie sich selber erzählt, wirkt auf sie beruhigend. Die Frau identifiziert sich – ohne darüber nachzudenken – sofort mit dem König.

Der König wird als zufriedener Herrscher geschildert, in dessen Reich Einklang zwischen den Tieren ist, die in einer vielfältigen, schönen Natur leben. In diese Harmonie bricht plötzlich die Meldung von einem wunderbaren Vogel ein, die dem König die Ruhe stiehlt, weil er ihn unbedingt besitzen möchte. Dazu ruft er seine Jäger zusammen, die jedoch erfolglos sind. Im Gegensatz zum König, der in seiner Gebundenheit sich mit seiner Begehrlichkeit schwer tut, schwingt sich der Vogel mit Leichtigkeit in die Lüfte. Nichts kann ihn daran hindern, weder die Jäger noch die Raubvögel. Er ist durch die Farben seines Federkleides derart geschützt, daß er sich von seiner Umgebung, dem blauen Himmel einerseits, den silbern leuchtenden Gewässern anderseits kaum abhebt. Blau auf der Unterseite, silbern auf der Oberseite lassen ihn eins sein mit Himmel und Erde bzw. Wasser. In seiner symbolischen Aussage vergegenwärtigt der Vogel jene Kraft, die sich frei zwischen Himmel und Erde bewegen kann. Daher gilt er vielen Völkern als Mittler zwischen Diesseits und Jenseits. Wir kennen ihn im Märchen (z.B. Aschenputtel, KHM Nr.21 oder Von dem Machandelbaum, KHM Nr.47) als Seelenvogel, wo er den Trauernden Kunde von Verstorbenen bringt. Die Vorstellung der Seele als einem Vogel, besonders der Seele eines Verstorbenen, ist weit verbreitet. Griechische Grabstelen legen davon Zeugnis ab ebenso wie die Seelenfensterchen an den alten Bauernhäusern im Averstal (Graubünden), durch die die Seele des eben verstorbenen Menschen in Form eines Vogels hinauf in den Himmel fliegen kann.

So scheint der Vogel in diesem Märchen den seelischen Anteil des Königs zu verkörpern, der ihm nicht einfach zur Verfügung steht, der vielmehr kommt und wieder geht, wann er will. Gedanken (wir sprechen ja von einem volatilen Geist), Ideen, Phantasien können wir nicht besitzen, sie besitzen uns. Sie nehmen uns für Augenblicke etwas von unserer Schwerfälligkeit, schenken uns neue Einfälle, locken uns in ferne Lande, lassen uns Luftschlösser bauen, führen uns auf beglückende Höhenflüge – sind aber niemals endgültig festzuhalten. Sie leben in einer Eigengesetzlichkeit, die bewußtem Wollen oft diametral entgegengesetzt ist. Wir können sie niemals in den Griff bekommen, sie haben uns. Die Beschaffenheit des Vogels an und für sich, im besonderen aber seine

Farbgebung betonen diese Unmöglichkeit des Fassens. Was man bekanntlich gewaltsam herbeirufen und fassen will, entweicht einem. Nur was man ohne Zugriff kommen lassen kann, wird einem zu eigen, seien dies nun seelische Anteile oder neue Erkenntnisse.
Die Identifikation des Ich mit dem König läßt deutlich werden, daß sich hier eine Frau mit ihrer männlichen Seite auseinandersetzt, sich ihr momentan sogar gleichsetzt, das heißt, vollkommen in ihr aufgeht. Überfällt sie die Angst, weil sie ihrer Gedanken habhaft werden will, weil sie alles im Griff haben will, weil sie alles durch ihren Geist steuern und lenken möchte? Ist das Märchen Ausdruck einer Größenphantasie?
Nachdem sich die Frau das Märchen zu Ende erzählt hat, ist sie etwas ruhiger geworden. Der Schluß stellt ja unmißverständlich klar, daß sich der Vogel nicht gefangennehmen läßt, daß er aber immer wieder in regelmäßigen Abständen zurückkehrt und seine Kreise über den königlichen Türmen des Schlosses zieht. Im natürlichen Sein-lassen besteht die Sicherheit.
Es mag die Leserin oder den Leser dieses Buches befremden, daß ausgerechnet am Ende dieses Kapitels, in dem es doch um das Aufspüren weiblichen Wesens geht, eine ausgesprochen männliche Thematik auftaucht. Dies ist insofern nicht verwunderlich, als eine Frau auf der Suche und in der Realisierung ihres eigenen Frauseins immer auch männlichen Anteilen in ihrer eigenen Seele begegnet. Bei Silvia M. hat dies erst einmal Angst und Bestürzung ausgelöst. Eine innere Unruhe hat sie ergriffen, bis ihr das oben erwähnte Märchen eingefallen ist. Sie schildert darin ihre eigene Situation: Einerseits identifiziert sie sich mit dem König, das heißt dessen kaptativem Verhalten. Gleichzeitig aber erwacht in ihr die Sehnsucht nach der Identifikation mit dem Vogel, der sich vollkommen autonom und doch in engster Bezogenheit auf seine Umgebung (Farbgebung) in die Lüfte schwingt. Sie will sofort alles ihrem Herrschaftsanspruch unterstellen, so auch

das Neue, das offenkundig anderen Gesetzen zu gehorchen scheint.

In dieser Einstellung dem Leben gegenüber tritt uns ein patriarchaler Zug entgegen, wie er in überhöhter Form bereits in den Präsidentenköpfen am Mount Rushmore, die sowohl in der inneren Welt der Silvia M. als auch in der äußeren Realität der USA existieren, zum Ausdruck gekommen ist. Diese Haltung hatte zur Folge, daß das gesamte seelische Leben der Silvia M. im Laufe der Jahre erstarrt war und sie ihre eigene Identifikation nicht finden konnte. In der Begegnung mit dem andern Geschlecht werden unter anderem die eigenen gegengeschlechtlichen Anteile aktiviert, die sich entsprechend den Erfahrungen mit dem andern Geschlecht entwikkeln und zu wirken anfangen. Jung spricht in diesem Zusammenhang vom Animus bei der Frau und von der Anima beim Mann.

Ausgesprochen männlichen Steuerungsmechanismen ist Silvia M. als Kind durch die Verhaltensweisen ihrer Mutter bzw. deren Animus ausgeliefert gewesen. Ihr galt als oberstes Prinzip Leistung und Streben nach Erfolg. So hat sie beispielsweise in unermüdlichem Getriebensein immer wieder einen Wohnortwechsel mit der ganzen Familie vorgenommen und dadurch ihre Kinder aus den angestammten Schulklassen herausgerissen. Zweimal hat sie dabei ihrer Tochter sogar das Überspringen eines Schuljahres abgefordert. Die Auseinandersetzung der Tochter mit der Mutter hat nicht auf der Ebene wohlwollender Gefühle, sondern in der harten Konfrontation mit deren Animus stattgefunden, was in Silvia M. zum jetzigen Zeitpunkt – da die Mutter schon längst tot ist – in der Identifikation mit dem Macht- und Herrscheranspruch des Königs zum Ausdruck kommt. Im Augenblick, da sie als Frau unterwegs auf der Suche nach sich selbst ist, wird sie dieser männlichen Anspruchshaltung nicht mehr im Gegenüber ihrer leiblichen Mutter, sondern in sich selber gewahr. Das löst Bestürzung aus, wenn sich eine Frau eingestehen

muß, daß sie ihr bisheriges Leben auf einer ausgesprochen männlichen Basis aufgebaut hat. Es ist aber das Schicksal mancher Frau in unserer Gesellschaft; denn das öffentliche Denken bezieht seine Werte im allgemeinen aus dem Primatanspruch des Mannes, was in unserem Kulturkreis zur Auffassung der Zweitrangigkeit der Frau geführt hat. Viele Frauen versuchen durch Anpassung an die männlichen Normen (z.B. der Forderung nach ausschließender Rationalität) Gleichwertigkeit um den Preis der Selbstaufgabe zu erlangen. Dadurch kann einerseits die Vorrangstellung des Mannes nicht durchbrochen werden (wie dies z.B. die Politik beweist), anderseits verkümmert die Frau und wird zu dem, was Jung mit Animusbesessenheit zu umschreiben versucht hat.
Im Märchen der Silvia M. gerät aber das bisher gut funktionierende System im Königreich in dem Moment ins Wanken, da etwas Neues auftaucht. Die Welt der Gedanken, Ideen und Phantasien ersteht in der neuen Form jenes silberblauen Vogels, der ganz unerwartet neue seelische Qualitäten der weiblichen Psyche zur Manifestation bringt. Neues löst häufig Angst aus, die uns oft vor eigenen neuen Entwicklungsmöglichkeiten zurückschrecken läßt. Hier schickt das Unbewußte der Silvia M. im Bild dieses Vogels die Botschaft einer neuen geistigen Haltung. Wenn das Bewußtsein sie nicht aufnehmen kann, droht eine Dissoziation zwischen den beiden seelischen Bereichen, die in eine neurotische Fehlhaltung münden kann.
Im silberblauen Vogel meldet sich eine neue geistige Haltung, die sich in jeder Beziehung vom Bisherigen unterscheidet. Im Verhalten des Vogels kommt eine Eigenständigkeit zutage – wie sie lebendigem Geist eigen ist – die sich unter anderem in der Unabhängigkeit von statischen Gesetzen zeigt. In der Farbgebung, das heißt im emotionalen Bereich, steht der Vogel in direkter Beziehung mit der Erde (Wasser) und dem Himmel, was ihn vor einseitigem Zugriff schützt. Im Bild dieses Vogels tritt uns eine Spiritualität entgegen, die sich durch

Eigenständigkeit und gleichzeitig durch Bezogenheit charakterisieren läßt: dadurch verkörpert er eine spezifisch weibliche Art des Denkens.
Auf der Suche nach ihrer eigenen Weiblichkeit ist Silvia M. auf ihre eigene Geistigkeit gestoßen. Erst diese Form des Animus als einer eigentlich weiblichen Spiritualität, die durch ihre emotionale Bezogenheit einseitig ausgerichteter männlicher Rationalität entgeht, bahnt der Frau den Weg zur Selbstwerdung, zu voller Entfaltung dessen, was in ihr angelegt ist.
Diese Art von Geistigkeit ist die Quelle der Unabhängigkeit der Frau, die sie davon befreit, sich weiterhin aus dem Mann heraus definieren zu müssen. Wie schwierig es für eine Frau ist, in unserer heutigen Welt, die noch von den erstarrten Fronten des Patriarchats eingegrenzt ist, zu dieser inneren Freiheit zu gelangen, zeigt der gegenwärtige Alltag mit seinen weitverbreiteten konservativen Tendenzen. So gilt es auch in der Jungschen Psychologie, umdenken oder weiterdenken zu lernen, indem der Animus als notwendiger Teil konstruktiver weiblicher Sinnfindung und Lebensgestaltung erkannt wird, bzw. die Anima, der weibliche Anteil in der Seele des Mannes, der einseitig einschränkenden Definition diffuser oder gar den Mann verführender Gefühle enthoben wird.

Abenteuer am See

Einblick in einen Grenzbereich

Wie zwei kurze Intermezzi muten Traum und Märchen an, in denen sich die Auseinandersetzung mit der eigenen Wesensart, dem Weiblichen wie auch dem Männlichen in sich, spiegelt. Die Wanderung geht weiter.

Ich kam in ein Tal, in dem ein See war, von dem ich nur das Ufer sehen konnte mit kleinen Wellen und Steinen. Ich sah ihn nicht in seiner Ausdehnung. Am See standen zwei Hotels. Das eine war leer und verstaubt, die Tische noch gedeckt, aber alles sehr schäbig, voller Staub und Spinnweben, und es war sehr altmodisch dort, mit abgetretenen fadenscheinigen Teppichen auf einer alten ausgetretenen Treppe, das konnte man vom Eingang aus sehen. Und eine Begleitperson, die neben mir war und mir undeutlich blieb, sagte, keiner wisse, wovon die Leute, die dieses Hotel besitzen, leben. Es sei schon jahrelang kein Gast mehr dort gewesen.

Genau gegenüber, über einen Kopfsteinweg, war das andere Hotel mit Glas und blitzenden Scheiben, vielen Geranien und Nelken in Blumenkästen, mit Holzrahmen, weißgestrichen, und es roch nach Essen, man hörte Musik von irgendwoher. Man sah gedeckte Tische und einen Holzfußboden, es waren auch Gäste dort. Es war sauber und recht freundlich zum Anschauen. Ich wollte hineingehen, aber da wurde mir klar, daß dieses Hotel dem anderen die Gäste wegnimmt. So blieb ich in einem Zwiespalt stehen.

Meine Begleitperson schöpfte Wasser mit den Händen aus

einem Brunnen und begann, die Geranien in den Kästen zu gießen. Da dachte ich, dann sei es wohl entschieden, wohin ich gehe, denn ich wollte ja dort, wo diese Begleitperson war, auch sein.

Der Weg durch die grüne Landschaft des Babylon-Traumes findet seine Fortsetzung in diesem Traum. Begleitperson und Traum-Ich halten zusammen; das heißt, das Ich überläßt sich weiterhin der inneren Führung. Die beiden kommen in ein Tal, in dem ein See liegt.

Ein Tal vermittelt, wenn es nicht zu eng ist, eine gewisse Geborgenheit zwischen den Hügel- oder Bergketten. Hier eingebettet liegt ein See; nur dessen Ufer ist für das Auge der beiden Wanderer sichtbar. Im Gebiet zwischen Land und See liegen Kiesel und Steine, der Wind treibt das Wasser wellenförmig darüber hinweg. Das Wasser ist in Bewegung, es lebt (anders als das tote Gewässer im Babylon-Traum); keine starre Grenzlinie trennt die beiden Bereiche, sie fließen ineinander über. An diesem Ort, wo festes Land und Wasser aneinandergrenzen, an jener Schwelle zwischen faßbar Festem und zerfließend Flüssigem, zwischen Hartem und Weichem, zwischen Bewußtsein und Unbewußtem bleibt das Ich gebannt stehen und entdeckt zwei Wohnstätten: ein ungepflegtes und ein schmuckes Hotel.

Ein Hotel lädt zum Verweilen ein. So meldet der Traum wohl, daß sich das Ich vorübergehend in diesem Grenzbereich umsehen muß, weil es hier anscheinend etwas Wichtiges wahrzunehmen gibt. Ein Hotel ist allerdings ein unverbindlicher Ort weitgehender Anonymität, kein Ort, wo man sich gern für längere Zeit niederläßt und einrichtet. Umgekehrt ist ein Hotel im allgemeinen ein vorübergehend bequemer Aufenthaltsort, insbesondere für eine Hausfrau, da man hier bekanntlich verwöhnt wird.

Um so erstaunlicher mutet die Realität des Traumes an, die ein im üblichen Sinn gepflegtes Hotel anbietet, neben dem sich aber noch ein verwahrlostes, altes Hotelgebäude, das leersteht, befindet. Es liegt auf der Hand, das gepflegte Hotelgebäude zu betreten, wie es das Traum-Ich eigentlich auch tun möchte, aber nicht von sich aus spontan zu realisieren imstande ist. Es gerät in dem Augenblick in ein Dilemma, in dem deutlich wird, daß man eigentlich nicht dem Trend zum Neuen folgen dürfte, sondern in altruistischer Haltung dorthin gehen müßte, wo man hilfreich sein könnte. Diese scheinbar soziale Haltung ist mit dem alten Hotel verbunden: Eine alte Neigung scheint hier nochmals aufzuleben und die Träumerin in einen Konflikt zu stürzen. Gutes muß man tun, um gut zu sein, um sich daraus seine Selbstbestätigung zu holen, obwohl man damit seine eigenen Wünsche und Bedürfnisse übergeht. Die Situation wird im Traum sehr deutlich aufgezeigt und ins Sinnlose gesteigert; denn im alten Hotel, das zu unterstützen wäre, existieren nicht einmal mehr die Wirtsleute. Das Bild des zerfallenden Gebäudes macht deutlich, daß die Hinwendung zu ihm einer antiquierten Haltung gleichkommt.

Trotz der Deutlichkeit der Aussage kann das Ich sich erst entscheiden, als die Begleitperson sich dem neuen Haus zuwendet, indem sie, Wasser mit den Händen aus dem Brunnen schöpfend, die dortigen Geranien begießt.

Diese Hinwendung zum neuen Gebäude kommt der Überwindung der eben beschriebenen altruistischen Einstellung gleich, die inzwischen sinnlos geworden ist. Das ist erneut ein Schritt auf sich selbst zu – allerdings noch nicht in bewußter, eigenständiger Führung, sondern in Anlehnung an das Vorbild der Begleitperson. Die Nahtstelle zwischen Bewußtsein und Unbewußtem ist ein Ort, an dem Entwicklungen, die sich bis dahin ausschließlich im Unbewußten abgespielt haben, sich anschicken, an die Oberfläche zu kommen; sie tauchen auf und wollen vom Bewußtsein erkannt werden.

Eine derartige Situation stellt sich oft durch die Zahl Zwei dar, insofern neben der bisherigen Einstellung nun eine zwei-

te emporsteigt und in uns Zweifel auslöst, welches nun die für uns richtige sei. Die Träumerin schildert sich ja sehr deutlich als in einem Zwiespalt stehend in bezug darauf, welches nun wohl momentan die für sie richtige Behausung sei.
In der Zwei kann auch ein Gegensatz ausgedrückt werden, der bereits in der Örtlichkeit offen zutage tritt: Land – Wasser; aber ebenso in der Behausung: alt – neu. Die Unterscheidungsmöglichkeit weckt Zweifel, weil wir uns entscheiden müssen. Dies ist jedoch ein prozeßhaftes Geschehen, in dem sich ein Wandel ankündigen kann. Denn das Wahrnehmen der Zwei weist auf das Erkennen einer Polarität hin, innerhalb deren sich das Leben abspielt. Mit der Zwei leben heißt somit, sich mit der Realität eines dualistischen Weltbildes auseinanderzusetzen. So gesehen symbolisiert die Zwei auch die Bewegung, die durch das Erfassen beider Pole zustande kommt – eine Bewegung also, die Entwicklungen erst in Gang setzt. Das Traum-Ich entscheidet sich erst aufgrund seiner Begleitung, das heißt wohl, daß das Bewußtsein sich hier ganz dem führenden Impuls aus dem Unbewußten überläßt. Hieran wird sichtbar, daß die Zwei auch den Hinweis aufs Du enthält, sie kann ein soziales Verhalten in einer Du-Beziehung andeuten.
Das ganze Traumgeschehen kündet von der auftauchenden neuen Fähigkeit zur Differenzierung, die zwar vorläufig noch nicht selbständig ausgeübt wird. Das Ich erkennt erst einmal die beiden Möglichkeiten – hier als eine alte und eine neue Einstellung oder Haltung sich selber gegenüber gedeutet –, die sich in der Grenzregion eines halbbewußten Zustandes anbieten. Die Träumerin hat sich eine innere Führung geschaffen; noch geht sie neben ihr her. Dialogpartnerin ist sie somit noch nicht. Diese innere Führung wendet sich dem Lebendigen zu, indem sie es direkt unterstützt. Die Begleitperson schöpft mit ihren eigenen Händen, das heißt mit ihren eigenen natürlichen Hilfsmitteln und Möglichkeiten, Wasser. Sie handelt – stellvertretend für das Ich –, indem sie die Gera-

nien begießt und damit das Lebendige pflegt. In die psychologische Sprache übersetzt heißt dies, daß fortan dem Gemüt Beachtung geschenkt wird und nicht – wie bisher – der moralischen Norm, die sich so oft gegen unsere eigene Entwicklung richtet. Das Ich steht an der Schwelle der Bewußtwerdung, die es von alten identifikatorischen Mustern aus der Zeit elterlichen Gehorsams trennt.
Anonymität und nur vorübergehende Bleibe im Hotel machen deutlich, daß es sich hier nur um ein Durchgangsstadium in der seelischen Entwicklung, keinesfalls um ein endgültiges Ziel handelt. Was anfänglich als unverständliches Symbol erschien, erweist sich beim Nachdenken als aufschlußreicher Hinweis: im Hotel ist keine Bleibe, es ist nur ein vorübergehendes Absteigequartier. Oder anders ausgedrückt: Das Ich beginnt erst zu erkennen, kann aber noch nicht eigenständig entscheiden. – Ein Traum ist immer in sich logisch.

Auch im nächsten Traum, fünf Nächte später, befinden sich Traum-Ich und Begleitperson noch in jenem eingangs beschriebenen Grenzbereich. Die Entscheidung für das Neue fördert neue Kräfte zutage, die sich auf eigentümlich gefühlsbetonte Art melden:

Ich überschaue einen See, der an einer Stelle sehr flach ist, an der ich mit einer Begleitperson stehe. Unmerklich zuerst weicht das Wasser von meinen Füßen zurück, es kommt sehr grünes, hohes Gras zum Vorschein. Die Fläche vergrößert sich. Drei weiße Tiere (ich denke zuerst, es sind Kühe) kommen aus dem Wald, um im Gras zu weiden.
Meine Begleitperson sagt dazu zwei Verse:

> *Drei Stiere gehn durchs tiefe Tal,*
> *sie gehen froh und ohne Qual.*
> *Drei Stiere gehn durchs hohe Gras,*
> *sie gehen sanft und ohne Haß.*

Die Landschaft ist beinahe unverändert, nur daß es nun möglich ist, vom Ufer aus die gesamte Fläche des Sees zu überblicken. Das Ich scheint seinem unbewußten Bereich gegenüber, der durch den still daliegenden See verkörpert ist, nahe und aufgeschlossen zu sein. Während es dasteht und über die weite Fläche hinweg sieht, weicht das Wasser an der flachen Uferpartie zurück. Dadurch entsteht zu Füßen der Träumerin Neuland. Das Bewußtsein scheint sich zu festigen, es erlebt einen Terraingewinn. Das neuentstehende Land ist nicht einfach Brachland, es scheint vielmehr äußerst fruchtbar zu sein, ist es doch mit hohem grünem Gras bedeckt. Zudem vergrößert es sich zusehends, was doch wohl ein deutlicher Hinweis dafür ist, wie sehr die Träumerin immer mehr an Boden gewinnt, sich eine andere, neue Standfläche aneignet. Das Ich wird zusehends stärker.

Mitten in dieses eigentlich lautlose, jedoch stete Geschehen bricht eine andere Welt ein. Aus dem Wald treten drei weiße Stiere hervor, um auf dem Gras zu weiden. Bereits dient der neugewonnene Boden zur Ernährung eines seinerseits neuartigen, erstmals in dieser Form erscheinenden seelischen Inhalts. Auch dieses Geschehen spielt sich still ab, trotz Größe und Wuchtigkeit der Stiere. Eher erwarten wir, daß sie laut und voll ungebändigter Kraft daherstampfen und uns durch ihre Wildheit erschrecken. Nicht so im Traum!

Im Stier tritt uns eine ungebrochene, wilde Naturkraft, ein entfesselter Trieb entgegen. Er ist das Symbol animalisch-männlicher Fruchtbarkeit, in ihm gewinnen die zeugenden Kräfte der Natur Gestalt. Wenn er gleich in dreifacher Form erscheint, wird die Dynamik seiner Zeugungskraft noch offenkundiger. In der Mythologie tritt der Stier weltweit und durch alle Zeiten als Begleiter oder Attribut männlicher Gottheiten und Heldenfiguren auf, um stets die zeugende, ungebrochene Urkraft des Lebens überhaupt zu symbolisieren.

Erneut – diesmal in einem Traum – manifestiert sich ein männliches Element im seelischen Bereich einer Frau. War es im Märchen vom silberblauen Vogel Ausdruck von Leichtigkeit, Beschwingtheit und gleichzeitiger Bezogenheit, so ist es hier Ausdruck geballter und gleichzeitig gezügelter Kraft, die zur Zeugung, das heißt wohl zu einer Realisierung, drängt. Die gegengeschlechtliche Seite manifestiert sich hier in ausgesprochen kraftgeladener instinktiver Form zu einem Zeitpunkt in der Entwicklung des Ich, da dieses zusehends stärker wird, was ihm ermöglicht, sich mit dieser bis dahin in *der* Form nicht gekannten Männlichkeit einzulassen. Wir können uns eine Öffnung hin zu etwas Unbekanntem bekanntlich erst dann leisten, wenn wir stark genug sind, uns in Frage stellen zu lassen, um uns nach einer derartigen Auseinandersetzung nötigenfalls umzuorientieren. Veränderung, Wandlung oder gar Integration vermag nur ein starkes Ich zu vollziehen. Stärke und Faszination des Ich, das ja in der Obhut einer Führung steht, gestatten ein Hinschauen zum Geschehen. Sie schützen vor dem Reflex zur Flucht, der eigentlich angesichts der animalischen Kraft, die aus dem Unbewußten heraustritt, auf der Hand läge.

Den Hinweis auf einen fruchtbaren Vorgang liefert der Traum schon vor dem Erscheinen der Stiere. Es wird geschildert, wie beim Zurückweichen des Wassers das neue Land bereits von sprießendem grünem Gras durchsetzt ist. Hier wird auf die Fruchtbarkeit der Erde, des Wachsens und Reifens, einer ausgesprochen weiblichen Fruchtbarkeit, hingewiesen, während im zweiten Teil des Traumes die männliche Zeugungskraft im Vordergrund steht.

Für das Verständnis der Traumbotschaft wichtig ist die Tatsache, daß die Stiere, obwohl Inbegriff unkontrollierter Triebkraft, nicht wild wütend und schnaubend aus dem Wald in die stille Weide- und Seelandschaft hereinbrausen; es geschieht kein dionysischer Einbruch der Zügellosigkeit. Geordnet und diszipliniert treten sie auf, dies ist um so eindrücklicher, weil es nicht üblich und daher ein ungewohnter Anblick ist.

Die würde- und zugleich kraftvolle Erscheinungsweise erinnert an all jene Stiere, die in alten Religionen eine Gottheit verkörperten, wie zum Beispiel der Apisstier im alten Ägypten als Träger und Mittler göttlicher Kräfte galt. Im Traum findet dieser sakrale Aspekt in der Farbe des Weiß eine Steigerung, was zusätzlich in einem seltsamen Kontrast zur Stärke und zum kraftvoll muskulösen Bau des Stieres steht. Das Weiß stimmt versöhnlich, nimmt den Stieren die Aggressivität, macht weich, hebt das ganze Geschehen auf eine andere als die rein irdische Ebene. Helligkeit, Leuchtkraft und Leichtigkeit des Weiß lassen etwas Imaginäres, Transzendentes in die Realität des Traumgeschehens einfließen. Die physische Kraft der wuchtigen Stiere steht der duftigen, leichten Qualität der weißen Farbe diametral entgegen. Solche Gegensätzlichkeit hat eine tiefe Aussage, wobei nicht zu übersehen ist, daß sich seelisches Leben immer wieder in Paradoxien ausdrückt.
Der weiße Stier gehört in der Mythologie zum indischen Gott Shiva. Er stellt dort die sexuelle Energie dar; aber indem Shiva auf ihm reitet, beherrscht er den Stier und verwandelt dessen Energie in eine geistige Kraft. So symbolisiert Shivas Stier Gerechtigkeit und Kraft, kurz gesagt: er symbolisiert die kosmische Ordnung und ist daher im Grunde genommen unergründlich.
Im Zusammenhang mit der seelischen Entwicklung der Träumerin sind hier gebändigte männliche Zeugungs- oder Fruchtbarkeitskräfte herangereift, die jetzt aus dem Wald, jenem dunklen Bereich des Unbewußten, der voll lebendigen Wachstums ist, ans Licht hervortreten. Sie ernähren sich fraglos selbstverständlich vom Gras, das erst seit kurzem aus dem Wasser gewachsen und nun auf dem getrockneten, neu dazugewonnenen Land wächst. Damit wird eine Qualität des Animus sichtbar, die wohl nur zu erkennen vermag, wer solches schon selbst erlebt hat. Stärke, Kraft und Zielgerichtetheit in Verbindung mit einem das eigene Bewußtsein über-

steigenden Wissen macht den Animus für das seelische Leben der Frau zu einem überzeugend befruchtenden Begleiter. Aus der Verbindung des Ich mit solcher Animuskraft erwacht Kreativität.
Die Begleitperson scheint die Stiere zu kennen, sie drückt ihr Wesen und Tun in Versen aus:

Drei Stiere gehn durchs tiefe Tal,
sie gehen froh und ohne Qual.
Drei Stiere gehn durchs hohe Gras,
sie gehen sanft und ohne Haß.

Sobald sich das Unbewußte im Traum nicht nur in Bildern meldet, sondern auch in Worten, sind wir davon meist noch ergriffener und betroffener. Solchen Aussagen haftet stets etwas Emotionales an, das uns berührt und meistens noch durch die kommenden Tage hindurch begleitet. Der numinose Charakter dieses Traumgeschehens erinnert an die enge Beziehung des Menschen zum Tier, wie sie uns von Völkern der Dritten Welt bekannt ist. In der Ethnologie spricht man in diesem Zusammenhang vom Alter Ego («das andere Ich»): Eine enge Lebens- und Schicksalsgemeinschaft führt zur Vorstellung des Doppelgängers, in der dem Tier die im Grunde genommen numinose Rolle des Lebensträgers, Gefährten und Schützers des Menschen übertragen wird. Die im Unbewußten sich konstellierenden Züge des Animus (bzw. der Anima) als Manifestation des Gegengeschlechtlichen in uns – hier in Form der drei weißen Stiere – sind oft von derartiger Stärke, daß sie uns, das heißt dem Ich als dem handelnden Zentrum des Bewußtseins, wie ein Alter Ego gegenübertreten als eine Art Träger und Mittler des Selbst, jenes konstellierenden Kerns der Gesamtpsyche. Diesem Geschehen wohnt numinoser Charakter inne, der uns emotional ergreifen kann und dadurch wegweisend für unsere Einstellung uns und dem Leben gegenüber wird.

Nicht nur das Traum-Ich und dessen Begleitperson gehen durch das Tal, sondern auch die Stiere. Damit wird deutlich, wie sehr Ich, Begleitung und Animus zusammengehören, weil sie alle auf dem gleichen Weg unterwegs sind. Dies ist nicht etwas Mühevolles, es macht im Gegenteil froh und ist nicht mit Qualen verbunden. In den Stieren ist eine sanfte Kraft lebendig; sie verkörpern nicht etwa eine zerstörende männliche Kraft, die sich in Haß und Rache stürzt. Vielmehr führen sie zu einer ganz neuen Erlebnisqualität, die dem Leben eine neue Richtung gibt.

Der ganze Traum zeigt auf, welche gewaltige innere Entwicklung sich anbahnt, die unweigerlich vorwärts in eine Realisierung drängt.

Reculer pour mieux sauter

Über den Sinn der Regression

Seelisches Leben verläuft höchst selten geradlinig. C.G. Jung hat diese Tatsache fogendermaßen geschildert: «Aber wenn man den Individuationsweg geht, wenn man das Leben lebt, muß man auch den Irrtum in Kauf nehmen, sonst wäre das Leben nicht vollständig. Es gibt keine Garantie – in keinem Augenblick –, daß wir nicht in einen Irrtum geraten oder in eine tödliche Gefahr. Man meint vielleicht, es gäbe einen sicheren Weg. Aber das wäre der Weg der Toten. Dann geschieht nichts mehr oder auf keinen Fall das Richtige. Wer den sicheren Weg geht, ist so gut wie tot» (Erinnerungen, S.301). Zeiten des Voranschreitens und Erkennens folgen Zeiten innerer Ängste und Nöte, die uns hemmen und auf uns selber zurückwerfen. Lebendiges Vorwärtsdrängen und lähmendes Eingeschlossensein, Leben und Tod, Progression und Regression, Lust- und Todestrieb, Extraversion und Introversion sind nur einige Benennungen jener beiden Pole, zwischen denen sich seelisches Leben abspielt. Leben heißt, dieser Polarität innezuwerden. Verharren je bei einem Pol bedeutet, in einer Extremposition verhaftet zu sein, die uns vom pulsierenden Leben fernhält.

Bildlich ausgedrückt können wir nicht auf steter Wanderschaft sein, um in täglichen und nächtlichen Erkundungen stets noch mehr Neuland zu entdecken. Haltepunkte auf der Suchwanderung bringen Erholung und manchmal auch den Wunsch, sich mit dem Erreichten zu begnügen. Dann droht Erschlaffen, das negativen Gedanken, Gefühlen, Ahnungen, oft sogar physischen Krankheiten Platz schafft. Die Angst vor dem Weitergehen oder vielmehr die Angst, das Geschaute in den eigenen Alltag umzusetzen, verschafft uns Todesängste. Der Körper wird zum Instrument der Seele: In seiner Hin- und Anfälligkeit dokumentiert er eindrücklich die momentane Unfähigkeit, inneren Erkenntnissen in der äußeren Lebensgestaltung Gehör zu verschaffen. Im Grunde geht die innere der äußeren Entwicklung immer voran. Alles andere ist reine Konditionierung, aber nicht organisches Wachstum. Dieser Umsetzungsprozeß kostet entspechend Kräfte bzw. Mut und setzt ein starkes Ich voraus, das sich auf all seine inneren Kräfte abstützen kann, das heißt, das sich vertraut. Wie der Wachstumsprozeß in der Natur seine Zeit beansprucht und phasenartig verläuft, so auch der seelische.

Packen uns innerhalb eines solchen Geschehens Todesängste, die sich nicht nur in Träumen niederschlagen, sondern auch in körperlichen Krankheiten, so sind wohl negative Kräfte aus der Vergangenheit am Werk und treiben uns in eine Regression, die die ganze Entwicklung in Frage zu stellen droht. Gelingt es aber, auch dieses Geschehen zu durchschauen, so merkt der Betroffene, daß dies nur eine Ruhepause ist, was zuerst wie ein Sterbeprozeß aussah und erst ernsthaft bedrohlich wird, wenn über dem Leiden die Hoffnung verlorengeht, wenn die destruktiven Gedanken siegen.

«Reculer pour mieux sauter» (Zurückgehen, um besser springen zu können), sagen die Franzosen und meinen damit treffend jenen Vorgang seelischen Wachsens und Erstarkens, der im Innehalten neue Kräfte zum späteren Weitergehen sammelt.

In diesem Sinne ist Regression ein vorübergehender Zustand, eine seelische Möglichkeit, alle Kräfte nach innen hin zurückzuziehen, um dann in einem bestimmten Augenblick mit einem ungeahnten Potential nach außen in die Progression zu treten: Regression als Hilfe, nicht als Selbstzweck. Folgender Traum veranschaulicht diesen Zustand.

Ich stehe auf einem riesigen, unabsehbaren gepflasterten Platz, der ein Muster aus Quadraten und Kreuzen hat, wobei der Grund grau ist, die Quadrate aus hellem Stein und die Kreuze in den Kreuzungen schwarz sind. Über den Platz fällt ein Schatten, dessen Ursprung nicht ersichtlich ist, denn es gibt dort keine Gebäude, es ist ein gerader Schatten, und auf der Grenze zwischen Licht und Schatten steht ein Hund, halb im Schatten, weggewendet, ein größerer Hund. Das ist alles.

«Das ist alles» drückt wohl die Enttäuschung der Frau über ihren scheinbar nichtssagenden, kurzen Traum aus, als sie ihn tagsüber niederschreibt. In seiner Kürze ist er schwer verständlich. Wenn Träume tatsächlich Kunde aus uns nicht bewußten Schichten unserer Psyche bringen, was soll dann die Botschaft dieses scheinbar trocken nüchternen, handlungslosen Traumbildes sein?

Ich stehe: eine Feststellung, die jeden Therapeuten erfreuen muß. Wie oft trifft doch das Gegenteil zu, indem Menschen in ihrem Unvermögen darniederliegen! Im Stehen liegt eine Kraft, Beine und Füße tragen uns, wir sind aufgerichtet, wir stehen fest da und haben die Möglichkeit zu sehen, was sich um uns herum abspielt. Das Stehen macht es möglich, die nähere Umgebung zu überblicken.

Der Augenblick, da ein Kleinkind zum erstenmal allein stehen kann, ist ein Markstein in seiner physischen wie psychischen Entwicklung. Es ist ein Schritt auf die Welt zu; damit erobert es sich neuen Lebensraum. Nicht umsonst ringen wir in unserer weiteren Entwicklung immer wieder neu um einen Stand-Punkt. Erst eigener Standort und Standpunkt ermöglichen eine eigenständige Entwicklung zur Persönlichkeit.

Der Traum signalisiert einen derartigen Augenblick in der seelischen Entwicklung dieser Frau, einen Augenblick, der sich aus der einfach dahinfließenden, allgemein meßbaren Zeit abhebt, indem er außerhalb des alltäglichen Geschehens steht und gerade dadurch immer auch Angst auslöst.

Das Ich steht auf einem Platz, während es sich in vorangegangenen Träumen oft auf einer Wiese oder auf einem Weg befunden hat. Der Platz erinnert an den Menschen, der sich der Natur bemächtigt, diese verändert, um sich einen Lebensraum zu erschaffen. Häuser werden gebaut und so angeordnet, daß sie eine Fläche umschließen. Der Platz wird dadurch zum Ort öffentlichen Lebens, nicht selten ist er der Mittelpunkt menschlicher Begegnungen; der Platz ist insofern ein seltsamer Ort, als er Weite und Eingrenzung, Nähe und Distanz vermittelt, Profanes und Sakrales zuläßt. Statuen können darauf errichtet werden, die an historische Heldentaten erinnern, die ihrerseits an staatspolitische, ethische oder religiöse Ausrichtung mahnen.

Das Ich des Traumes steht auf einem riesigen Platz, es scheint nicht eingeengt, sondern frei zu sein. Das, was es sich erschaffen hat – der Platz im Traum als Lebensraum interpretiert –, trägt auch das Muster des bisherigen Lebens: Quadrate und Kreuze aus dunklem und hellem Stein. Zur Größe und Weite des Platzes bilden die Quadrate einen seltsamen Kontrast. Ihre doppelt umrahmte Form – wie aus der abgebildeten Skizze hervorgeht –, ihre Vielzahl und vor allem ihre Regelmäßigkeit in der Ausgestaltung und Anordnung bilden im Grunde ein kleinkariertes Muster. Ist es Ausdruck eines ängstlich sich abgrenzenden Ich-Bewußtseins, das sich vorerst einmal nur aufgrund einer festgefügten, aber monotonen Ordnung aufbauen konnte? Einer Ordnung, die als weiteres Strukturelement das dunkle Kreuz, das stille Leiden in sich trägt?

Der Gegensatz zwischen der Größe des Platzes und dem kleinstrukturierten Muster drückt auch einen seelischen Gegensatz aus. Eigentlich weist die Träumerin ein großes Potential auf: Sie hat sich aus ihrer natürlich-kreatürlichen Existenz herausgearbeitet, indem sie sich einen großflächigen Lebensraum schuf, der eigentlich Raum zur Entfaltung böte, sie hat sich aber diesen Raum mit einer kaum zu beschreibenden Monotonie «ausgelegt»: der Boden wirkt wie ein Plattenfußboden, der nur zwei Verhalten zuläßt, nämlich sich abgrenzend zu schützen (Quadrate) und/oder zu leiden (Kreuze). So gesehen deutet der Platz auf einen Rückzug, eine Reduktion auf zwei Verhaltensmuster, dabei wäre so viel Fläche für vielfältige Muster vorhanden.

Betrachten wir die Skizze etwas genauer, hören wir noch deutlicher auf den Traumtext hin, so erkennen wir plötzlich, daß quer über den Platz eine Grenze verläuft, die einen hellen von einem dunklen Teil trennt. Zu erkennen, daß der Grund, auf dem ich stehe, aus Licht und Schatten besteht, gehört zu den elementaren Erkenntnissen menschlicher Existenz. Sich damit auseinandersetzen, es sogar als Tatsache annehmen zu können erfordert ein mutiges, sich vertrauendes Ich. Gerne weichen wir in eine neurotische Scheinwelt aus, in der das Dunkle, Böse ausgeschlossen, das heißt auf die Umwelt projiziert wird.

Es muß in diesem Zusammenhang auffallen, daß Silvia M. diesmal zur Darstellung des Geträumten einen Kugelschreiber benützt. Sie übertüncht das Gesehene nicht etwa mit rosigen Farben, um sich damit vorzugaukeln, das Geträumte sei gar nicht so schlimm, etwa im Sinn des gefährlichen «Träume sind Schäume». Sie versucht vielmehr, sich an die Realität des im Traum Geschauten zu halten, indem sie es mit dem Instrument aufzeichnet, das im Alltagsleben meist zur Mitteilung nüchterner Fakten dient. Hinter dem Griff zum Kugelschreiber steckt wohl auch der Versuch, die Vernunft einzuschalten. Silvia M. kann ihrer Angst als einem emotionalen Geschehen noch nicht entspechend auf einer emotionalen Ebene be- und entgegnen. In der Wahl des Kugelschreibers drückt sich der Versuch aus, die Angst rational zu bewältigen. Dem entspricht auf der verbalen Ebene eine Abwertung mit den Worten «Das ist alles».

Zu entdecken, daß ich aus Licht und Schatten bestehe, gut und böse bin, gehört zu den Augenblicken menschlicher Erkenntnis, die uns und unser Dasein verändern: Sie weiten uns, erschrecken uns und machen uns gleichzeitig humaner. Wir sprechen dann von einem Augenblick der Erleuchtung. Damit drücken wir den religiösen Charakter dieses Erlebnisses aus, der in seiner Dimension für den Einzelmenschen oft erst gar nicht faßbar ist («das ist alles...») und ihn dennoch emotional erschüttert. Die Offenbarung des Numinosen, wie sie in diesem Licht-Schatten-Erlebnis des Traumes stattfindet, löst beim Menschen immer zwei scheinbar widersprüchliche Gefühlserlebnisse aus, die Rudolf Otto einerseits mit dem Begriff des Tremendum (dem Schauervollen, das den Menschen erzittern läßt), anderseits mit demjenigen des Fascinans (dem lockend Reizvollen) umschrieben hat.

Silvia M. ist vom Traumbild gepackt; aber der Schrecken bleibt nicht aus: Ausgerechnet auf der Grenzlinie steht ein größerer Hund. Die Träumerin mag Hunde nicht besonders, sie hat im Grunde Angst vor ihnen. Er ist aber ein lebendiges Gegenüber, das Ich sieht ihn nur von hinten, er geht der Grenze entlang in Richtung rechts oben und zeigt damit an, daß er auf einer Art Entwicklungslinie läuft, auf der Diagonalen, die von unten links nach oben rechts verläuft. Ist dies ein unübersehbarer Hinweis, daß das Hinblicken auf diese Linie und das Erkennen der beiden Bereiche im betreffenden Menschen etwas bewirkt? Eine Dynamik, die der seelischen

Entwicklung zugute kommt? Der Hund ist ein scheinbar widersprüchliches Symbol, das einerseits als Begleiter des Menschen dessen treuer Hüter und Beschützer ist, das als Begleiter des Charon oder der Hekate das Menschenende ankündigt: «Der Hund steht meist als wütender Wächter vor dem Schatz... Er ist Sinnbild des führenden und warnenden Instinktes... Als Bild des Instinktes wacht der Hund an den Übergängen zwischen Tag und Nacht, an der Schwelle des Bewußtseins zum Unbewußten, als Erinnerung daran, daß die tierhafte Seite des Menschen nicht übersehen werden darf. In gezähmter Form ist er treu, in unterdrückter Weise wird er böse, dann zeigt sich ‹des Pudels Kern›, der ‹Teufel›. Immer wirkt der Hund an einem Tor, wie Cerberos am Eingang der Unterwelt.» (Schliephacke, S. 34)
Der Hund im Traum wacht am Übergang vom Hellen zum Dunkeln, vom Bereich bewußten seelischen Lebens zum Bereich des im Dunkeln liegenden unbewußten seelischen Lebens. Wo Licht und Schatten gleichzeitig nebeneinander existieren, wird das Erleben realitätsnah. Denn die Welt besteht aus dem Zusammenwirken dieser beiden Kräfte. Babylon-Traum und -Bild bringen zum erstenmal eine diesbezügliche klare Unterscheidung, die in diesem kurzen Traum noch eine Steigerung im Sinne einer differenzierenden Verdeutlichung erfährt. Zu wissen und anzuerkennen, daß seelisches Leben aus bewußten Ich-Anteilen wie unbewußten Erlebnis- und Reaktionsmöglichkeiten besteht, ja wahrzunehmen, daß sich das Ich weitgehend aus unbekannten, eben unbewußten Quellen nährt, bescheidet und erweitert den darum Ahnenden in ungeahntem Maße. Daß sich an der Grenze der beiden Bereiche ein treuer Hüter – der Hund ist in unseren Breitengraden das dem Menschen treueste Tier – aufhält, ist ein Hinweis auf die Wichtigkeit und auch auf die Gefährlichkeit des Austauschgeschehens an dieser Grenze: Das Unbewußte kann das Ich mit seiner Intensität überfahren, gleichzeitig birgt es alle Möglichkeiten seelischer Erneuerung.

Der Traum zeigt an, wie das Stehen an der Schwelle zu einem neuen Bewußtsein Angst auslöst. Vorläufig kann Silvia M. damit noch nicht umgehen. Sie lebt sich nicht ein in die Angstsituation, die im Traum angezeigt wird. Sie wehrt sie ab, indem sie sagt: «Das ist alles.» Sie läßt sich nicht darauf ein; sie hat große Angst vor Hunden, wie nachträglich im Gespräch mit ihr klar wird. Dies ist gut verständlich, wenn wir uns vor Augen führen, daß der Boden, auf dem sie steht, mit dem Leidenssymbol des Kreuzes gepflastert ist. So ist es nicht verwunderlich, daß diese verdrängte Angst sich körperlich niederschlägt, indem Silvia M. ernsthaft erkrankt.

Reculer pour mieux sauter – wird es ihr tatsächlich gelingen? Oder endet der bisherige innere Prozeß endgültig in der Regression? Schafft sie den Sprung, indem genug Dynamik vorhanden ist und es ihr dadurch möglich wird, entsprechende Kräfte auf die Dauer zu mobilisieren? Die Gefahr, den Mut zu verlieren und zu erlahmen, ist groß. Es ist ein Wagnis, den anstrengenden, neuen Weg weiterzugehen, weil er ins Ungewisse führt. Oder sind ihr die alten, bekannten Grenzen nicht doch lieber?

Die Lebensalter

Versöhnung mit der Vergangenheit

Es wurde ein großes Fest gefeiert. Die verschiedenen Phasen des Festes waren in einem großen rotgoldenen Buch aufgezeichnet, das vor Beginn des Festes bereits vorlag.
Zuerst gab es im hellen Sonnenschein eine Eisenbahnfahrt. Ich saß zwischen lauter kleinen Kindern, ein Kind fiel mir besonders auf, es war so lebendig, es quietschte und sprang und strahlte Lebensfreude aus.
Dann gab es eine Tafel in einem unabsehbaren Saal, der dunkel war, aber rotgolden von Fackeln und Kerzen erleuchtet wurde. Es gab sehr viel zu essen. Ich saß inmitten einer Schulklasse von etwa 10- bis 12jährigen Mädchen. Es wurde davon gesprochen, was man vom Leben erwarte. Ein Mädchen neben mir sagte kindlich naiv: «Also ich glaube an das große Glück.» Ich lächelte etwas überheblich.
Danach kam der Tanz. Alle tanzten einzeln. Wir hatten helle lose Kleider an, die durch die Fackeln rotgolden aussahen. Zuerst war es eher ein Schreiten nach ernster langsamer Musik, die dann aber schneller und wilder wurde, bis alle erschöpft waren. Mir fiel ein junges Mädchen auf, das körperlich zart aussah, aber mit einer auffallend gelösten Hingabe tanzte, und sie war nicht erschöpft.
Dann sollte es einen Vortrag geben mit anschließender Diskussion. Ich setzte mich erschöpft auf eine Art Bordstein, und viele Menschen zogen an mir vorüber, durcheinander gemischt, Kinder, Jugendliche, Ältere, manche grüßten, einige setzten sich auch kurz einmal hin und sprachen ein paar freundliche Worte,

alle wollten zum Vortrag. – Da trat meine Begleitperson hinter mich, das war ein alter Mann in einem kuttenartigen lichtgrauen Gewand, er sagte mir, ich solle aufstehen, wir müßten «forschen». Ich wollte, wie alle, zum Vortrag. Das sei aber nicht so wichtig, meinte er. Wir gingen eine Holztreppe zwischen engen Wänden hinauf, oben war eine helle felsige Landschaft. Vor uns lag eine kleine Ebene mit kleinen Steinen bestreut. Er nahm einen Stein und warf ihn mitten auf die Fläche. Wo der Stein hinfiel, war plötzlich ein riesiger Felsblock. Mir war nicht klar, wo er hergekommen war, das hatte ich nicht sehen können. Daneben wuchs aus einem Keimling ein Baum, er kroch zuerst unter dem Felsen hervor, wuchs, umging und umwand alle Zacken und Vorsprünge und war dann viel größer als der Felsen, es war eine Zeder mit krummem, verwundenem, verkrüppelt aussehendem Stamm und einer prächtigen freien Krone. Es kamen plötzlich Vögel, die sich auf die Äste setzten und sangen.

Ein Fest markiert immer einen Höhepunkt; es steht außerhalb des Alltags. Im Traum sind dessen einzelne Phasen gar in einem rotgoldenen Buch aufgezeichnet. Diese Tatsache vermittelt den Eindruck großer, vielleicht sogar sakraler Bedeutung; der im voraus genau festgehaltene Ablauf erinnert an ein tradiertes Fest mit rituellem Charakter. Das Buch ist rot-gold eingebunden, eine Farbgebung, die den sakralen Charakter des Festes bereits äußerlich sichtbar werden läßt. Sie erinnert uns auch an die festlichen Kleider der beiden jungen Mädchen aus dem Traum im Kapitel vom fremdartigen Musikanten.

Interessanterweise tritt das Ich in jedem Abschnitt des Traumes auf, stellt sich im jetzigen Alter dar, gehört aber jedesmal sehr direkt zu den jeweiligen übrigen Personen des Traumes, der unter anderem seine Struktur durch die verschiedenen Altersstufen erfährt.

Schon dem Kapitel «Übergang» lag ein Festtraum zugrunde, dessen sakraler Charakter durch die Figur des Negers und

dessen Begleiterin dem Zugriff reiner Rationalität entging. Im Gegensatz zu jenem Traumgeschehen tritt jetzt ein erwachsenes Ich auf, teilnehmend, doch deutlich sich von den anderen Personen abhebend: In der Zwischenzeit hat ein intensiver Reifungsprozeß derart zur Stärkung des Ich beigetragen, daß nun in einem nochmaligen, retrospektiven inneren Geschehen entscheidende Entwicklungsstufen durchlaufen werden. Der emotionale Hintergrund, auf dem sich der erste Teil des Traumes abspielt, gibt den Schlüssel zum tieferen Verständnis. Das erwachsene Ich hat sich mit seiner Kindheit und Jugendzeit versöhnt. Die Rückschau scheint die Bedingung zur im zweiten Teil des Traumes sich abspielenden Vorschau zu sein. Es ist interessant festzustellen, wie intensiv scheinbar vergessene Erlebnisse in dem Augenblick in uns aktiviert werden, da sich im Bewußtsein der Drang nach vorwärts meldet.
In der Nacht vor Weihnachten – einer erinnerungsträchtigen Zeit – durchläuft denn auch das Traum-Ich verschiedenartige Stadien der Kindheit und Jugendzeit. Allen gemeinsam ist ein starkes emotionales Erregtsein beim Erwachen und Rekapitulieren der einzelnen Bilder. Die Eisenbahnfahrt holt eine schöne Erinnerung aus der Vergessenheit hervor: Die Träumerin meint, daß sie ihre Mutter nie so gelöst und zufrieden erlebt hätte wie auf dieser Fahrt. Die Familie war unterwegs in den Urlaub. Als Mädchen hat sich die Analysandin nie so wohl gefühlt wie in jenen Stunden der Fahrt. Dadurch, daß sich die Mutter ganz entspannt und glücklich ihren Kindern zugewandt hatte, konnten diese selber gewiß auch gelöst und richtig vergnügt sein – ganz so, wie es im Traum nochmals erlebt wird: «...ein Kind fiel mir besonders auf, es war so lebendig, es quietschte und sprang und strahlte Lebensfreude aus.»
Ganz anders sah die Jugendzeit aus: Als 10–12jähriges Mädchen wurde die Analysandin durch ihre ehrgeizige, von innerer Unruhe getriebenen Mutter von Schule zu Schule, von

Klasse zu Klasse geschickt. Dadurch verlor der junge Mensch von damals sein ganzes Selbstvertrauen: Bestehende Freundschaften gingen durch den ständigen äußeren Wechsel in Brüche, neue konnten in so kurzer Zeit nicht entstehen – die Brücken zum gleichaltrigen Du waren abgebrochen. Ein Rückzug auf sich selbst begann und leitete eine Entwicklung hin zur Introversion und Isolation ein, die auch noch im jetzigen Zeitpunkt wirksam ist und so manche menschliche Nähe auch heute noch nicht zuläßt. Die Analysandin meint im nachhinein, sie hätte damals beinahe alles hergegeben, um diesen traumatischen Erlebnissen des Wechsels, des ständigen Entwurzeltwerdens zu entgehen und endlich einmal zu einer Klassengemeinschaft zu gehören. Und dennoch muß das Kind von damals von einem naiven Glauben an eine gute Zukunft getragen gewesen sein – oder ist es bloße Kompensation des Unbewußten? «Also ich glaube an das große Glück...»

Ein dritte Episode erinnert an jene Zeit des Erwachens; aus dem Kind wird eine Jugendliche. Hier erfüllt der Traum einstige Wünsche: allein tanzen zu dürfen in einem losen Kleid. Die strenge Mutter von damals hatte kein lose fallendes, schwingendes Kleid zugelassen, wie es sich das junge Mädchen sehnlichst gewünscht hätte. Auch getanzt wurde damals noch in den vorgegebenen Formen des Paartanzes, was bei den beschriebenen Kontaktschwierigkeiten für Silvia M. nur sehr schwer möglich gewesen war. Immer hinreißender werden Musik und Tanz im Traum bis hin zur Erschöpfung. Ein zartes junges Mädchen voller Hingabe und Leichtigkeit wird nicht müde: Der Traum ist nicht nur Wunscherfüllung, er zeigt ebenso, wie alle Bitterkeit über jene trübe Zeit verschwunden ist. Eine neue jugendliche Kraft bricht schwungvoll durch; ein junges Mädchen tanzt in voller Hingabe. Tanzen als Ausdruck eines beschwingten, gemütvollen, emotionalen Daseinsgefühls wirkt ansteckend. Das Ich ist vom jungen Mädchen fasziniert. Aus dem feierlich ernsten Fest mit

den rotgolden leuchtenden Fackeln und der anfänglich ernsten, langsamen Musik, die dann ganz wild wird, löst sich das junge Mädchen heraus: Aus formaler «Sakralität» entspringt jugendlich schöne Gelöstheit. Das junge Mädchen sprengt mit seinem anmutigen, an Rhythmus und Töne hingegebenen Tanzen die Fesseln der Formalität.
Der Traum ist noch nicht zu Ende. Ein durch die Phasen von Kindheit und Jugend hindurchgegangenes Ich setzt sich erschöpft auf den Randstein. Eine Randposition enthält immer Zündstoff in sich. Von ihr gingen seit je große Veränderungen aus, da eine solche Lage vom Seelischen her derart unangenehm ist, daß sie zu Veränderung an sich drängt. So droht dem etablierten Zustand vom marginalen Lager her stets Gefahr: Er wird sich notgedrungen entweder auflösen oder wandeln müssen. Im Traum zieht das etablierte Leben an dem auf dem Randstein sitzenden Ich vorbei, es strömt hin zu einer neuen, allerdings sehr andersartigen Veranstaltung als die in diesem Traum vorangegangenen. Es soll ein Vortrag stattfinden, im Gegensatz zum genießerischen Eisenbahnfahren, zum genüßlichen Essen und erschöpfenden wie auch beschwingenden Tanz, eine eher ernste, an den Geist appellierende Veranstaltung. Das Ich fühlt sich davon auch angezogen, möchte sich im Strom der Menschen treiben lassen, als scheinbar unvermittelt – und doch wohl seit Anbeginn anwesend – dessen Begleitperson in den Vordergrund tritt und das Ich daran erinnert, daß nun für sie beide der Zeitpunkt des Forschens gekommen sei.
Der alte Mann erinnert durch sein Gewand an eine Mönchsfigur. Will da eine innere Stimme – weg vom Lebensgenuß – hin zur Askese führen? Die lichtgraue Farbe des Gewandes weist auf eine andere Richtung hin, es ist weder das einseitig schwarze und damit schwere Kleid des Mönches, das uns an strengen asketischen Lebenswandel mahnt, noch das weiße Gewand, das auf seine Art ebenso kategorisch von einem ausschließlich lichterfüllten Dasein kündet. Im Kapitel von

den ungeladenen Gästen manifestierten sich Schwarz und Weiß in den Trauergästen und den ungeladenen, weißgekleideten Gästen anläßlich des Leichenmahles zu Ehren des verstorbenen Vaters. Im gesamten Bild jenes Traumes wiesen die beiden gegensätzlichen Farben auf das innere Wissen um die Polaritäten hin (auf eine Fähigkeit zur Differenzierung), die sich zu einem sich gegenseitig ergänzenden Ganzen formten. Im jetzigen Traum wird der ganzheitliche Aspekt durch das Grau nicht in seiner Polaritäts-, sondern in seiner Totalitätsstruktur erfahren. Bereits die Führergestalt im Babylon-Traum trug ein hellgraues Gewand. Jetzt tritt zur Farbe noch deren Leuchtkraft hinzu, wie sie von Silvia M. geträumt und nachträglich beschrieben wurde. Durch die Symbolik des Grau an und für sich (wie sie im Babylon-Kapitel erläutert wurde) und die leuchtende Qualität des Grau im speziellen fällt dem Träger eines derartigen Gewandes eine an Numinosität grenzende Aussagekraft zu, der sich das Traum-Ich nach einigem Zögern anschließt. Zuvor muß es sich vom Wunsch, wie alle übrigen Leute konsumierend einen Vortrag anhören zu gehen, lösen, um für den Eigenaktivität fordernden Forschungsauftrag mit Hilfe dieser alten, weisen inneren Instanz – sie erinnert an die positiven Führungsqualitäten des Animus – frei zu werden. Ob der alte Mann im großen Zusammenhang dieses Traumes vielleicht sogar auf ein sinnerfülltes Alter hinweist?

Die beiden machen sich auf den Weg, das Ich taucht endgültig aus der Vergangenheit auf, verliert seine passive Zuschauerrolle des Augenblicks und schreitet – in Begleitung eines Wissenden, einer Art alter Weiser – aktiv seiner Zukunft entgegen. Was eigentlich schon im ersten Traum deutlich wurde, kommt jetzt endlich nach zweijähriger Analyse zum Tragen: die Fähigkeit, das eigene Leben in natürlicher wie kreativer Fülle zu gestalten. Die Zäune, das heißt die rigorosen Abgrenzungen gegenüber den Möglichkeiten eigener individueller Lebensgestaltung auf dem fruchtbaren Boden eines durch intensive Arbeit erworbenen Selbstwertgefühls, sind gefallen. Der Weg führt weg von konventionellen Mustern des Angeregtwerdens durch Vor-Denker (Vortrag) und Wieder-Käuer (Zuhörer) hin zu spezifisch eigener Lebensgestaltung. Die beiden verlassen die Ebene des Allgemeinen und steigen auf die Ebene des Spezifischen hinauf: eine helle, felsige Landschaft.

Der Ausblick auf eine neue Landschaft ist oft der symbolische Ausdruck für das Entdecken der eigenen inneren Landschaft, Hinweis für einen neuen Lebensabschnitt, der sich gemäß dem bis hierher Erarbeiteten in einer dem betreffenden Menschen adäquaten seelischen «Landschaft» abspielt.

Der Begleiter wirft einen Stein mitten auf die Fläche, auf der plötzlich ein Felsblock liegt. Nun geht es um ein unübersehbares, unbeugbares (ein Felsblock ist von Menschenhand weder zu verrücken noch zu übersehen) Geschehen in der Mitte. Eine Konzentration hin auf die Mitte bahnt sich an. Ein zentrales Geschehen ist in Gang gekommen, es tut sich etwas. Neben dem Stein, dem harten, viele Zeitalter durchdauernden, keimt ein Baum. Er wächst, wird größer als der Felsblock, wird eine Zeder, die sich in ihrem Wachsen durch die zackigen Vorsprünge des Felsens nicht hindern läßt, bis sie trotz verkrüppeltem Stamm ihre Krone frei entfalten kann. Der Weg von der Trauerweide in der babylonischen Gefangenschaft bis hin zur Zeder (des Libanon?) war lang und beschwerlich: Der Stamm ist verwachsen und verkrümmt, aber die Äste entfalten sich hin zum stolzen, ewig grünen, edlen Nadelbaum, wie ihn die Zeder verkörpert. Die Handlung im Zentrum der neuen Landschaft trägt alle Zeichen zentralen inneren Geschehens. Sie steht unter dem Motto der Entelechie (jener in uns wirkenden, gestalterischen Kraft): «Werde, der du bist!»

Der Lebensbaum, durch seine Stellung in der Mitte zur Weltachse geworden, kündet von einer lebendigen inneren Zentrierung. Das Motiv der Vögel am Lebens- bzw. Weltenbaum ist uns aus unzähligen Mythen wohlbekannt. Eigenständiges inneres Leben hat sich im Traum manifestiert und kündet eine Selbstfindung an. Wie wird sich diese wohl im Dasein der Silvia M. vollziehen?

Märchen

Einen Monat später drängt es die Frau, sich plötzlich an einem Sonntag hinzusetzen und das Folgende aufzuschreiben:

Das Krötenmärchen

Es war einmal eine Kröte. Sie war wie alle Kröten und wohnte in einer für Kröten angenehmen Niederung am Fluß mit Sumpf und Schilf, in dem es sich für Kröten gut leben ließ. Fliegen und Mücken gab es in Fülle, gelegentlich auch einige fette Käfer oder Ameisen. Unsere Kröte lebte wie alle Kröten zufrieden vor sich hin und freute sich, wenn es regnete, wenn der Nebel angenehm feucht die Haut kitzelte und der Sumpf unter den Füßen klatschte und weich war.

Nur manchmal, wenn die Sonne schien, erfaßte sie eine merkwürdige Unzufriedenheit und eine unbestimmte Sehnsucht. Sie sah den tanzenden Schmetterlingen zu und, was das Merkwürdigste war, sie hatte überhaupt keinen Appetit auf Schmetterlinge. Ein wenig besorgt ging sie eines Tages zur alten Oberkröte, die unter einem bemoosten Stein wohnte, und erzählte ihr von dieser merkwürdigen Sehnsucht. «Ist es Hunger?» fragte die Oberkröte. «Nein», sagte die kleine Kröte, «Hunger ist es sicher nicht. Ich kann die fettesten Schmetterlinge tanzen sehen.» «Dann ist es etwas anderes», entschied die Oberkröte. «Bist du vielleicht ein wenig ausgetrocknet an der Oberfläche?» «Nein», sagte die kleine Kröte. «Ich bin schön angenehm feucht, aber das scheint alles nicht so wichtig zu sein.» «Ein ungewöhnlicher

Fall», stellte die Oberkröte fest. «Hunger ist es nicht, ausgetrocknet bist du auch nicht – nun, ein außergewöhnlicher Fall erfordert außergewöhnliche Mittel.» Sie schloß die goldenen Augen eine Weile und dachte angestrengt nach.
«Es hilft nichts», sagte sie, «ich bin nur eine gewöhnliche Wald-und-Wiesen-Oberkröte. Ich weiß dir keinen Rat. Geh in den Wald und frage nach dem Fuchs. Er ist ungefährlich, weil er keine Kröten verspeist – besser wäre schon die Eule, aber sie hat manchmal merkwürdige Gelüste. Geh also zum Fuchs und frage ihn um Rat. Aber gib acht auf deine Oberfläche.» Sie schloß die Augen wieder und gab damit zu verstehen, daß die Audienz beendet sei.
Die kleine Kröte dachte eine Weile nach, dann fing sie sich ein paar fette Fliegen als Wegzehrung, wälzte sich noch einmal im feuchten Schlamm und ging mit Herzklopfen in den Wald. Dort war es trocken und recht unangenehm, aber sie ging tapfer auf dem Weg, den sie sich vorgenommen hatte. Schließlich begegnete sie dem Fuchs, der erstaunt stehenblieb, als er eine Kröte im trockenen Laub erblickte.
«Was machst du denn hier?» fragte er. «Ein solches Tier habe ich noch nie gesehen. Bist du vielleicht eßbar?» Die kleine Kröte nahm all ihren Mut zusammen. «Ich glaube, ich schmecke nicht gut», sagte sie. «Aber wenn du der Fuchs bist, so bist du der, den ich suche.»
«Warum suchst du mich denn?» fragte er erstaunt. «Ich habe gehört, du weißt mehr als unsere Oberkröte.» Geschmeichelt legte der Fuchs die Ohren an. «Das mag wohl sein», sagte er zufrieden. «Was möchtest du denn wissen?» «Seit einiger Zeit habe ich so ein merkwürdiges Gefühl, wenn die Sonne scheint und die Schmetterlinge tanzen», sagte die kleine Kröte. «Es ist wie eine Sehnsucht nach etwas, das ich nicht kenne.»
Der Fuchs überlegte lange. Dann begann er, alle Fälle herzusagen, in denen er eine Lösung hatte finden können. Dies allerdings sei ihm noch nicht begegnet. Er kratzte sich hinter dem Ohr. «Ich überlege mir gerade, ob du mir nicht doch schmecken

könntest», sagte er nachdenklich, denn er war ein wenig gekränkt. Aber da er satt war und eigentlich guter Laune, dachte er noch ein wenig nach. «Im Wald gibt es einen Einsiedler», sagte er. «Der legt im Winter Futter für uns Tiere aus, er hat ein gutes Herz. Geh zu ihm und frage ihn. Aber gib acht auf dein Leben, es könnte sein, daß du doch noch irgend jemandem schmeckst.»

Die kleine Kröte bedankte sich und machte sich wieder auf den Weg. Er war beschwerlich und trocken, und sie dachte an ihre Oberfläche, die schon ganz ausgetrocknet war, aber sie stellte fest, daß die Oberfläche nicht so wichtig ist. Sie dachte an ihr Leben, das in Gefahr war, wenn jemand Lust auf sie hatte, aber auch das schien ihr nicht so wichtig. Endlich erreichte sie den Einsiedler. Er war ein alter Mann mit einem langen Bart, wie sie nie einen gesehen hatte.

«Was tust du hier im Wald?» fragte er. «Es wird dir nicht gut gehn, hier ist es viel zu trocken für dich.» Er goß ein wenig Wasser aus der hohlen Hand über die kleine Kröte. «Ich habe so eine merkwürdige Sehnsucht», sagte sie. «Als ob der Sumpf nicht alles wäre und als ob es etwas gäbe, das ich lieber erleben möchte.» «So, so», sagte der alte Mann und nickte ein Weilchen mit dem Kopf. «Und dafür hast du den Weg zu mir gefunden?» «Ja, und ich möchte herausfinden, was es ist.» «Es wird ein harter Weg werden für dich, kleine Kröte», sagte er. «Und er wird lang sein, und ob du am Ende zufrieden bist, das wissen wir beide nicht.» «Ich will ihn gehen», sagte die kleine Kröte.

Und so blieb sie bei dem Einsiedler eine lange, lange Zeit. Und sie lernte, daß die Oberfläche nicht wichtig ist, und als sie das erkannt hatte, wurde ihre Haut glatt und weich. Und sie lernte, daß das Leben zwar immer in Gefahr ist, aber daß auch das nicht so wichtig ist, wenn man es nur genug liebt und darauf achtet. Und ihr Leib streckte sich, und sie wuchs. Sie lernte, daß man nicht nur im Sumpf leben kann, sondern daß die Sonne schön ist und wärmt, und daß Fliegen und Mücken und besonders die Schmetterlinge aus Lust am Leben in der Luft frei um-

hertanzen. Und daß man sich viele Räume erobern kann und muß, um frei zu sein.
Nach sieben Jahren sagte der alte Mann zu ihr: «Geh, hol mir Wasser. Aber nicht aus der Quelle, sondern von jenem Weiher hinter dem Tannenwald.» Ein wenig verwundert machte sie sich auf mit ihrem Krug, kniete dann am Weiher nieder, um Wasser zu schöpfen – und erstarrte in ihrer Bewegung, denn sie sah ihr eigenes Bild im Weiher und sah, daß sie ein Mensch geworden war. Nur ihre schönen Augen waren die gleichen geblieben, aber sonst war sie sehr verändert. Lange sah sie sich an, schöpfte dann den Krug aus dem Weiher und ging versonnen zurück zum Einsiedler. «Ich bin ein Mensch geworden», sagte sie. «Ja, das bist du. Und das mußtest du selbst bemerken, darum habe ich dich zu jenem Weiher geschickt.» «Ich danke dir», sagte sie bewegt. Ernst blickte der Einsiedler sie an. «Ob es ein Grund zum Danken ist, das wirst du erst später wissen», sagte er leise. «Nun mußt du gehn.» Er wandte sich ab. Sie hatte Tränen in den Augen, denn sie wäre so gerne geblieben, aber sie wußte auch, daß sie jetzt gehen mußte. So wandte sie sich zögernd ab, warf einen langen Blick auf das kleine Waldhaus zurück und ging weiter.
Sie kam an einem kleinen Sumpf vorbei und erblickte einige Kröten. Froh eilte sie hinzu, um sie zu begrüßen und von ihrer Verwandlung zu erzählen. Aber die Kröten eilten scheu in den Sumpf hinein und ließen sich ins schlammige Wasser gleiten. Sie wollte folgen, aber ihr Fuß sank ein. Traurig ging sie weiter.
Da begegnete ihr der Fuchs. Vertraut stellte sie sich ihm in den Weg und wollte ihm noch einmal danken. Aber der Fuchs schlug sich in die Büsche und war rasch verschwunden. Das Mädchen blieb nun stehen. Jetzt verstand sie, was der alte Mann gemeint hatte: Dies war ein schwerer und einsamer Weg geworden. Langsam ging sie weiter mit hängendem Kopf und ein wenig mutlos. Aber sie ging weiter, weil sie wohl sah, daß sie nicht zurück konnte.
Nach einiger Zeit erhob sie wieder den Kopf, als sie Stimmen

hörte. Auf einer Waldlichtung sah sie Menschen, die miteinander sprachen. Sie hatten sehr unterschiedliche Stimmen, manche waren schrill wie der Schrei der Eule, manche wie das Heulen des Sturmes, und manche wie das Knistern der Schlange. Sie blieb stehen und sah hinüber, dann wagte sie es, einen Schritt näher zu tun. Ein Mädchen wie sie sah sie an, und sie erkannten einander am Blick der Augen.
Ein kleines Stück Weges dürfen sie vielleicht miteinander zurücklegen. Das ist schon sehr viel in einer Welt, in der es noch viele Kröten und Füchse gibt und nur sehr, sehr wenige Weise.

Es ist, als ob die Frau in diesem Märchen ihren bisher aufgezeichneten Lebensweg nochmals darstellte. Was vorher im Traum als Selbstfindung definiert worden ist, findet nun seine Darstellung in der Schilderung der Verwandlung der Kröte in ein menschliches Wesen, ein junges Mädchen: «Dies war ein schwerer und einsamer Weg geworden.» Für die meisten Menschen ist eine Kröte häßlich und unansehnlich. In diesem Märchen scheint sie jenes Lebensgefühl und jene Verachtung sich selbst gegenüber wiederzugeben, wie sie Silvia M. vor der Therapie und Analyse selber in ihrer damaligen Depression an sich erlebt hat.

Treffend stellt Silvia M. hier dar, was jedem Menschen widerfährt, wenn er sich auf den Weg macht: Da liegt nicht nur eine Zukunft vor ihm, es lockt also nicht nur Neuland, sondern es schließen sich ebenso Türen hinter ihm zu. Je bewußter ein Mensch wird, um so mehr Zusammenhänge gehen ihm auf, die ihn immer deutlicher daran hindern, in alte, meist neurotische Verhaltensmuster zurückzufallen. Es gibt kein Zurück mehr, sondern nur noch ein Voran. Dies ist oft ein schmerzhafter Prozeß, denn Abschiednehmen – sei es nun von alten Gewohnheiten oder auch von menschlichen Bindungen – tut weh. «Dire adieu, c'est toujours mourir un peu» (Sich verabschieden ist immer auch ein wenig sterben) meint der Franzose treffend. So ist es leicht verständlich, daß nicht jeder Mensch den anstrengenden, wenn auch schönen, weil zu innerer Freiheit und Unabhängigkeit führenden Weg einschlägt.

Dieser Wandlungsprozeß beinhaltet immer auch einen inneren Zuwachs, indem seelische Kräfte wach werden, die bis dahin geschlummert haben. Der betroffene Mensch stößt in Dimensionen vor, die ihm bisher unbekannt waren. So ist es eine gewaltige Erweiterung, dem rein Vegetativ-Animalischen zu entwachsen und zur Menschwerdung vorzudringen, das heißt den ausschließlich biologisch-kreatürlichen Gesetzen und Abläufen eine bewußte, humane Dimension beizufügen. Der Zuwachs wird im Märchen nicht allein durch die Wandlung vom Tier zum Menschen dargestellt, sondern auch in der Begegnung des eben gewordenen Menschen mit einem ähnlichen Menschen: «Ein Mädchen wie sie sah sie an, und sie erkannten einander am Blick der Augen.»

Sich selber finden setzt immer voraus, daß man mit sich, das heißt mit seinen eigenen seelischen Impulsen und Reaktionen, in Kontakt ist, eine Art Zwiesprache mit sich selbst halten kann. Auf diese Weise stößt man immer mehr zu einer ganzheitlichen Erlebnisweise vor. Die Begegnung und Auseinandersetzung mit sich selbst gewinnt am Schluß des Märchens in der Begegnung der beiden Mädchen an Intensität. Darin liegt bekannterweise immer die Chance, sich selbst noch besser kennenzulernen und weiterzuentwickeln. Nicht selten erlebt man als Therapeut, daß in dem Augenblick, da ein Mensch im Selbstfindungsprozeß steht, er auch in der äußeren Realität neuen Menschen begegnet, die ihrerseits einen ähnlichen Entwicklungsprozeß durchgemacht haben.

Entwicklung macht anfänglich einsam, birgt aber in sich ungeahnte Möglichkeiten tief menschlicher Begegnungen.

In der Sackgasse

Über Um- und Irrwege zur Ganzheit

Entwicklung ist nicht einfach ein kontinuierliches, geradliniges Geschehen. Das ist eine Tatsache, mit der wir uns nur schwer abfinden können. C. G. Jung hat an verschiedenen Stellen in seinem Werk darauf hingewiesen: «Der richtige Weg zur Ganzheit besteht aus schicksalsmäßigen Um- und Irrwegen» (Ges. Werke 12, S. 20; Grundwerk 5, S. 12). Sobald es uns gelingt, anzunehmen, daß wir uns nicht ständig geradlinig weiterentwickeln können, haben wir uns von einer Idealvorstellung, wenn nicht sogar -forderung gelöst. Erst dann nämlich wird es möglich, daß wir unser wahres Wesen entdecken können. Denn in Idealforderungen stecken bekanntlich fremde, eben nicht die eigenen Maßstäbe. Dadurch, daß es nicht unsere eigenen sind, sind Idealforderungen nie ganz erreichbar, weil wir sie infolge der Fremdbestimmung und der darin geforderten Fehlerlosigkeit niemals voll zu erfüllen imstande sind. Wenn solche Vorstellungen dennoch in uns wirksam sind, leben wir daher unwillkürlich in ständiger Zwietracht mit uns und der Welt, was sich in seelischen Verstimmungen mancher Art manifestieren kann. Das Fallenlassen solch strenger Maßstäbe ist ein Schritt aufs eigene Wesen zu, indem wir versuchen, dieses zu verstehen und uns mit ihm zu begnügen, was immer eine Bereicherung bedeutet. Denn dieses Verständnis uns gegenüber ist die Voraussetzung zu echter Beziehung, weil nun nicht mehr eigenes Unerfülltsein auf die Umwelt projiziert werden muß. So schafft man sich eine Möglichkeit zu direkter Begegnung, indem man sich selbst wie auch sein Gegenüber so akzeptieren und sehen kann, wie es ist. Gleich drei Nächte hintereinander wird Silvia M. in der Folge von Such-, Irr- und Fluchtträumen heimgesucht. Diese scheinen deutlich darauf hinzuweisen, wie sehr sich Silvia M. noch von Vorstellungen leiten läßt, die sie meint erreichen zu müssen. Sie setzt dafür all die ihr zur Verfügung stehende Energie ein, um schließlich doch nicht zum Ziel zu kommen. Zuerst träumt Silvia M. in diesem Zusammenhang:

Ich wohne in einem Zimmer, in dem es viele Fliegen und Mükken gibt. Die Decken sind zu hoch, als daß ich sie erreichen könnte. Ich muß also unbedingt Insektenspray haben. Ich mache mich auf den Weg; als ich ein paar Straßen weit gegangen bin, merke ich, daß ich kein Geld dabei habe. Ich gehe zurück und hole Geld. Dann verirre ich mich und finde den rechten Weg nicht. Ich frage Leute, niemand weiß Bescheid, wo ich Insektenspray bekommen kann. Eine Straßenbahn fährt mir vor der Nase weg. Ich gehe eine Unterführung hinunter. Schließlich bin ich in der Nähe der gesuchten Drogerie, da stolpere ich über einen großen Schäferhund. Ich falle hin. In diesem Augenblick ist es 6.30 Uhr abends, und die Drogerie wird geschlossen. Ich eile die Stufen hinauf zur Eingangstür, klopfe und rüttele, aber niemand öffnet. Ich überlege mir, daß ich unbedingt Einbrecher anmieten muß, damit sie mir den Insektenspray aus dem Laden holen.

Der Traum läßt sich nicht einfach als sogenannter Tagesrest erklären. Er wurde in einer kalten Februarnacht geträumt, da bekanntlich in unseren Breitengraden weder eine Fliegen- noch Mückenplage herrschen kann. Er bedarf eines tieferen seelischen Verständnisses, um zutreffend interpretiert zu werden.
Fliegen und Mücken sind eine lästige Plage. Sie entgehen unserem Zugriff mit Leichtigkeit, daher der Griff nach dem

Hilfsmittel des Insektensprays. Wir wissen alle, wie lästig es ist, wenn wir uns endlich einmal hinsetzen könnten und dann von Gedanken überfallen werden, die unsere Ruhe zunichte machen. Unerledigte Dinge fallen uns ein, Auseinandersetzungen, in denen wir nicht genügt haben, Ängste wegen bevorstehender Aufgaben, wir malen uns bis in alle Einzelheiten aus, wie wir uns das nächste Mal verhalten wollen und ähnliches. Anstatt uns auf die heranschwirrenden Gedanken einzulassen, um endlich zu erkennen, daß sie alle jener Quelle der Unzufriedenheit entstammen, die von uns fordert, anders zu sein als wir sind, eben ideal – versuchen wir, sie gewaltsam zu verscheuchen.

Und damit begeben wir uns erst recht von uns selber weg, wie es der Traum aufs trefflichste schildert: Insektenspray muß her, also macht sich das Ich auf, um welchen kaufen zu gehen. Dafür braucht es Geld, das erst vergessen, auf halbem Weg noch zu Hause geholt werden muß. Dabei verirrt man sich, Leute können einem nicht über den richtigen Weg Auskunft geben. Stellen wir es uns noch einmal vor: Die Straßenbahn wird gerade verpaßt, in der inneren Hektik renne ich durch eine Unterführung, die eine Abkürzung zu sein scheint und stolpere schließlich über einen gemütlich daliegenden Schäferhund. Klar, daß ich über ihn stolpere; er liegt mir im Weg, Besinnung und Innewerden kommen jetzt für mich nicht in Frage, ich bin auf den Spray, auf die künstliche Vernichtung meiner lästigen Probleme, fixiert.

Ich komme gerade im Augenblick des Ladenschlusses angerannt und stehe trotz des eiligen Stufenerklimmens vor geschlossener Tür. Alles Rütteln hilft nichts, niemand öffnet: Die Lösung wird mir trotz meines riesigen Aufwandes an physischer Anstrengung nicht zuteil. Eine neue Idee taucht auf, die sogar jenseits des Legalen beheimatet ist: Einbrecher anmieten, um auf jeden Fall zum Ziel zu kommen.

Erschöpft wacht Silvia M. auf: «Haben sich denn alle Mächte gegen mich verschworen?» Sie merkt nicht, wie sehr sie sich

durch die Biester ablenken läßt, wohl sichtbare Abkömmlinge jener Forderungen von außen, die wir uns so gerne zu eigen machen im Augenblick, da wir versuchen, uns endlich uns selbst zuzuwenden: Darf ich denn so egozentrisch sein und nur mich selbst finden? Handle ich denn damit nicht gegen das Gebot der Nächstenliebe, gegen die Gesetze der Gesellschaft – wie es Einbrecher zu tun pflegen –, gebe ich nicht überhaupt all meine Ideale auf? Und schon hat sie einen scheinbar rationalen Grund gefunden, um erneut auf der Flucht vor sich selbst zu sein.
Eine Nacht später träumt Silvia M. vom Wunsch, nach Spanien zu fliegen:

Ich möchte mit einem Flugzeug nach Spanien reisen. Ich finde den Flugplatz nicht. Als ich ihn schließlich erreiche, finde ich den richtigen Schalter nicht, habe auch Schwierigkeiten, das Ticket zu bekommen, bis ich endlich im Warteraum sitze. Nun bemerke ich, daß ich kein Gepäck dabei habe. In großer Hast begebe ich mich nach Hause, um noch schnell einen Koffer zu packen. Meine Kleider hängen in verschiedenen Schränken, zusammen mit den Sachen fremder Leute. Insbesondere packe ich ein lachsrotes Chiffonkleid ein. Mit den Koffern eile ich wieder zum Flughafen. Als ich den Warteraum erreiche, höre ich, daß das Flugzeug bereits gestartet ist, aber nicht an Höhe gewinnt. Der Start ist schiefgelaufen, ich höre, daß in einer Viertelstunde das nächste Flugzeug starten soll, ich fahre daher auf die Rollbahn. Damit endet der Traum.

Auch dies klappt nicht. Ist es ein zu egoistischer Wunsch? Ist sie innerlich noch nicht so weit, um in den Süden, vielleicht in den Bereich emotionaler Wärme vorzudringen? Oder kann man sich dorthin nicht einfach fliegen lassen? Will sie dorthin flüchten und ist dazu nicht in der Lage – oder ist es der falsche Weg, das falsche Land?
Der Flugplatz wird erst nicht gefunden, dann auch anfäng-

lich der Schalter nicht; es ist schwierig, den Flugschein zu bekommen, und im Warteraum bemerkt Silvia M. endlich, daß sie kein Gepäck bei sich hat! Die Reise scheint nicht geplant zu sein, den Wunsch, nach Süden zu gelangen, will sie Hals über Kopf realisieren. Sie scheint eine Getriebene zu sein.
Sie kehrt nach Hause zurück, öffnet den Kleiderschrank und merkt, daß hier neben ihren Kleidern auch diejenigen fremder Leute hängen. Ist sie denn hier nicht mehr so ganz zu Hause? Dies ist ein Gefühl, das jeder Mensch kennt, der die vertrauten Gefilde verlassen mußte, weil er sich auf den inneren Weg gemacht hat, aber noch nicht im «neuen Land» angekommen ist. Es ist ein recht unangenehmer Zustand, weil man vorübergehend nirgendwo richtig zu Hause ist, ein Zustand, dem man zu entfliehen versucht. Aber der Traum scheint ein Wegfliegen als Flucht nicht ohne weiteres zuzulassen.
Silvia M. belädt sich gleich mit mehreren Koffern; sind sie Ballast oder enthalten sie notwendige Ausrüstung? Unter anderem wird ein lachsrotes Chiffonkleid eingepackt, etwas Leichtes für den Süden. Aber erinnert die Farbe des Kleides nicht wiederum an jenes fatale rote Kleid im Zusammenhang mit der Operation ihrer inzwischen schon lange verstorbenen Mutter? Hier wird deutlich, wie Silvia M. alten Ballast mit sich schleppt.
Dies ist eine Beobachtung, die wir immer wieder anstellen können: im Augenblick, da sich jemand aus alten Denkschemata oder aus gewohnten Verhaltensmustern zu lösen anstrebt, hängt ihm sozusagen die Vergangenheit an! Komplexe werden aktiv und stellen den endgültigen Aufbruch in Frage. Das Verdrängen komplexhafter Erlebnisse bindet seelische Energie, die jedoch im Augenblick der Bewußtwerdung freigesetzt werden kann, so daß dem Ich ungeahnte Kräfte zufließen. Diese kann es für den oft schwierigen Neubeginn einsetzen.

Das angestrebte Ziel wird im Traum selbst noch nicht erreicht. Innerlich ist das rote Kleid inzwischen zu einem leichten Chiffonkleid geworden, und die Träumerin fährt eben auf die Rollbahn, wo das nächste Flugzeug bald starten wird. Der Umweg über das rote Kleid war unausweichlich. Denn die erwachsene Silvia M. ist seelisch immer noch auf jenes Trauma zu Beginn ihres Erwachsenenalters fixiert (wie bereits anhand früherer Träume eingehend dargestellt wurde). Es bleibt ihr in ihrem jetzigen Bewußtwerdungsprozeß nicht erspart, emotional zu jenem Zeitpunkt zurückzukehren, da sich seinerzeit die Schuldgefühle bildeten, die zu einer diesbezüglichen neurotischen Entwicklung geführt haben. Nur dadurch wird es ihr möglich werden, ihr schlechtes Gewissen, zu leben, obwohl die Mutter tot ist, aufzulösen und ein neues Lebensgefühl für sich selbst zu entwickeln. Das Motiv des roten Kleides taucht in diesem Traum zum letztenmal auf – ein Hinweis darauf, daß sich eine Lösung des komplexhaften Konfliktes anbahnt.
Der Traum in der darauffolgenden Nacht bringt Silvia M. nicht nach Spanien, sondern schickt sie in eine Stadt.

Ich gehe durch eine Stadt und suche einen Mann, dessen Aussehen ich nicht kenne, ich weiß aber, daß ich ihn sofort erkennen werde. Die Straßen sind gedrängt voller Menschen, alle haben häßliche Gesichter, meine Suche wird vergebens sein. In einem Blumengeschäft gibt man mir einen Blumenstrauß aus blauen Glockenblumen und rotem Mohn. Ich gehe wieder durch die Straßen, im Gedränge nimmt mir irgend jemand den Blumenstrauß aus den Händen. Ich weiß jetzt, daß ich nach demjenigen Menschen Ausschau halten muß, der mir den Blumenstrauß wegnahm. Ich gehe zur Polizei, dort bietet man mir an, ich dürfe mir alle Photos ansehen, die sie dort haben. Der gesuchte Mann ist aber nicht dabei. Ich gehe wieder durch die Straßen, ich habe inzwischen rote Fausthandschuhe an den Händen, denn über meiner Suche ist es Winter geworden.

Sie ist auf der Suche nach einem Menschen, den sie zu kennen scheint und doch nicht kennt. Es ist jener Mann, der dem Ich den eben gekauften Blumenstrauß entrissen hat. Blumen sprechen unsere Gefühle an, an ihnen erfreuen wir uns auf Wanderungen draußen in der Natur, mit ihnen schmücken wir unser Zuhause, damit dieses gemütlich und wohnlich wird. Blaue Glockenblumen und roter Mohn, beides Feld- und Wiesenblumen, hat sich Silvia gekauft. Blau und Rot drücken seelische Gegensätze aus, die hier in einem Strauß vereint sind. Der Mohn erinnert an jenen Traum vom Mond im Mohn, wo dieser an sich bereits als Ganzheitssymbol interpretiert wurde (Kapitel: Unterwegs).
Der Mann scheint eine Kraft zu verkörpern, die das Vorankommen Silvias verhindern will. Nun könnte man ja tatsächlich argumentieren, Blumen seien etwas Überflüssiges. Wichtig ist, daß im Garten das Gemüse gedeiht und nicht in erster Linie die Blumen; nützlich ist, daß auf dem Feld das Korn heranreift und nicht die Blumen; entscheidend ist, daß man eine Wohnung hat, die mit dem nötigen Mobiliar, nicht aber mit überflüssigem Firlefanz wie Blumensträußen, versehen ist. Wichtig ist, daß wir Erfolg haben, Karriere machen – ob wir uns dabei seelisch wohl fühlen oder menschlich entfalten, ist nebensächlich. Diese Stimme der sogenannten Vernunft ist uns allen bekannt; sie hindert uns durch ihre ausgesprochene Einseitigkeit an einer ganzheitlichen Entfaltung.
Silvia läßt sich von diesem destruktiven Animus nicht mehr irreführen: Sie will ihren Blumenstrauß zurückhaben und gleichzeitig den Räuber auch finden und identifizieren, wohl um sich von ihm loszusagen oder um ihn wenigstens zu kennen. Sie schlägt dabei den Umweg über die Polizei ein, das öffentliche Ordnungssystem, das ihr wohl freundlich entgegentritt, ihr aber nicht behilflich sein kann. Denn dies ist eine ausgesprochen individuelle Arbeit! Und so sucht sie weiter. Denn diese destruktive Tendenz in ihr, die ihr die Möglichkeit, zu sich zu finden, wieder genommen hat, verhindert wie-

der einmal mehr die Chance, zu einem emotional ganzheitlichen Erleben zu kommen, wie es der Traum im Bild des Blumenstraußes angekündigt hatte.
Diese destruktive Kraft muß nun endlich entlarvt werden. Damit verliert dieser Aspekt des Animus die Möglichkeit unkontrollicrten, unbewußten Wirkens, weil er jetzt erkannt und beim Namen genannt werden kann. Dies ist jedoch eine schwierige Aufgabe. Die Konfrontation mit eigener Destruktivität, die wir bekanntlich lieber nach außen auf andere Menschen projizieren, ist hart und oft erschütternd. Bezeichnenderweise ist es im Traum inzwischen auch Winter geworden! Aber Silvia M. ist mit einem dafür geeigneten Kleidungsstück ausgerüstet: sie trägt wollene rote Fausthandschuhe. Ihre Finger und Hände werden in der Kälte nicht steif werden, sie werden im geeigneten Moment zugreifen können. Das Rot – als Farbe der Liebe und auch der Aggression – ist nun für Silvia M. zu einem Zeichen des Schutzes geworden, es hat seinen fatalen Aspekt verloren.

Der grüne Smaragd

Was ist Ganzheit?

«Wenn eins zwei ist und zwei eins sind, muß nicht mehr geteilt werden», denn dann gehört es beiden, das heißt, es gehört zusammen! Das zitierte Wort stammt aus dem folgenden Traum:

Eine Negerin hatte einen «Smaragdstein» in ihrer Hütte, dadurch leuchtete die Hütte nachts in wunderbar dunkelgrünem Licht. Aber das war auch gefährlich, so daß der Mond sie schützen mußte; tagsüber merkte man diesen Glanz nicht.
Ich hatte den Wunsch, diesen Smaragdstein zu bekommen, und so packte ich in einen Korb Früchte, einen Block völlig weißes Papier, Nähzeug und einen Fisch (wie eine große Forelle) und ging, als es dunkel war, zu ihr über ein weites Feld. Sie ließ mich ein, ich setzte mich auf eine Bank und fragte, ob ich den Smaragdstein haben dürfe. Sie antwortete mir, daß sie ihn nicht hergeben dürfe, aber ich könne ihn trotzdem haben. Ich verstand nicht, wie das möglich wäre, da sich der Stein doch nicht teilen ließe. Da sagte sie etwas für mich zunächst sehr Merkwürdiges, das ich wörtlich behielt: «Wenn eins zwei ist und zwei eins sind, muß nicht mehr geteilt werden.»

Das rätselhafte Ende des Traumes, das wie der Ausspruch einer Sphinx anmutet, hat einen Anfang, der uns leicht verständlich, aber schwer faßbar ist.
Eine Negerin wohnt in einer Hütte, wie es für europäisches Empfinden richtig ist: Behausungen der schwarzen Bevölke-

rung sind von unserem Standpunkt aus nur Hütten, keinesfalls Häuser. Um so seltsamer berührt die Tatsache, daß in der Hütte nicht Armut zu herrschen scheint. Die Negerin ist im Besitz eines Smaragdsteins, des teuersten Edelsteins überhaupt. Es grenzt an ein Wunder, wenn wir verstehen möchten, wie es denn möglich sei, daß die Hütte durch diesen Stein leuchtet, was nachts im Gegensatz zu tags deutlich sichtbar und sogar gefährlich ist, so daß der Mond sie schützen muß. Die Negerin scheint auf die Träumerin eine Faszination auszuüben, um die Silvia M. in ihrem wachen Bewußtsein nicht weiß. Denn sie hat keine besondere Beziehung zum Schwarzen Erdteil.

Die Gestalt des Negers im Traum vom fremdartigen Musikanten wies geheimnisvolle Führereigenschaften auf, die sich dem Zugriff des Ichs entzogen. Dessen Eigengesetzlichkeit (er geht z. B. dann, wenn es für ihn wichtig ist; oder er entfernt sich immer mehr und wird nicht gemäß dem Gesetz der Perspektive immer kleiner) beeindruckte sehr. Sein Spiel auf dem unbekannten Instrument wie seine grün-silbernen Kleider brachten eine geheimnisvoll weiblich-emotionale Welt zum Klingen, aber er entschwindet wieder, ohne daß ein Kontakt zwischen ihm und dem Ich stattgefunden hätte. Und nun taucht dasselbe Motiv in der weiblichen Form, einer Negerin, sehr viel direkter auf und erinnert nicht nur an den schwarzen Vorgänger, sondern ebenso an die verschiedenen vorangegangenen weiblichen Begleitpersonen des Ich:

Die Cousine im gleichen genannten Kapitel verkörpert auf ihre Art ein Alter Ego zu einem Zeitpunkt, in dem das Ich noch zu schwach und unsicher war, um alleine zum Fest zu gehen. Dies wird im Rückblick auf die bisherige Entwicklung des Ich sehr deutlich. Sie hat Hilfs-Ich-Funktionen. Gleichzeitig verkörpert die Cousine durch ihr helles Kleid eine erleuchtend-intuitive Kraft.

Jene gleichaltrige Frau im Kapitel «Unterwegs», psychologisch als Schattenfigur interpretiert, wird als Freundin erlebt,

durch deren Wissensvermittlung das Ich eine umfassendere Bewußtwerdung im weiblichen Bereich erfährt. Der Schattenfigur wird vom Ich belehrende Autorität zugeschrieben, und sie wird als solche akzeptiert. Es herrscht ein deutliches Ungleichgewicht zwischen den beiden Frauengestalten.
Im «Krötenmärchen» tritt im Augenblick der Selbstfindung jenes Mädchen auf, das als gleichartig erlebt wird und eine Ich-Erweiterung symbolisiert.
Die Negerin vereint in sich jene drei Funktionen, die sich vorher je in einzelnen verschiedenartigen Träumen manifestiert haben. Daran wird die innere Entwicklung sichtbar, die Silvia M. durchlaufen hat. Beim Erzählen dieses Traumes stellt die Analysandin mit Erstaunen fest, daß die beiden Frauengestalten, das Ich und die Negerin, eigentlich alterslos sind. Keine Rivalität zwischen zwei verschieden alten oder zwei verschieden gearteten Frauen trennt die beiden; es herrscht vielmehr eine Atmosphäre der Übereinstimmung im Gleich- wie im Verschiedensein. Der jetzige Traum ist eine Kulmination, der zusätzlich noch von einer Art Güteraustausch der beiden Frauen, dem Ich und dessen Schatten, gekrönt wird.
In jeder Analyse gibt es Knotenpunkte, an denen die Fäden einzelner Entwicklungslinien zusammenlaufen, wie es in diesem Fall am Beispiel der dem Ich jeweils auf unterschiedliche Art freundschaftlich verbundenen Frauengestalten sichtbar wird. Daran läßt sich einerseits die Entwicklung des Analysanden ablesen, anderseits wird an einem derartigen Höhepunkt auch psychische Energie für den weiteren Bewußtwerdungsprozeß freigesetzt.
Die Negerin besitzt einen Smaragd, einen grünen Edelstein. Immer wieder taucht in den Träumen der Silvia M. das Grün auf, was eine stetig wiederkehrende Manifestation ihrer inneren Entwicklung ist und gleichzeitig ein unübersehbarer Hinweis auf ihre innere Vielfalt, indem das Symbol jeweils in seinen unterschiedlichen Aspekten erscheint.

Im ersten Traum müßte es eigentlich bereits vorkommen, denn dort ist von lauter Feldern die Rede. Doch durch die Dürre scheint die Vegetation erloschen zu sein; das Grün fehlt ganz. Wenn in einem Traum oder auf einer Zeichnung etwas fehlt, das im Grunde vorhanden sein müßte, liegt darin oft der Hinweis auf den Kern der Problematik verborgen. Das trifft in diesem Fall zu, indem gerade im Symbol Grün innerhalb der gesamten Traumserie dieses Buches die weibliche Entfaltung, die bekanntlich zu Beginn der Analyse ihren Nullpunkt erreicht hatte, mitverfolgt werden kann.
Im zweiten Traum geht das Ich über eine grüne, blühende Frühlingswiese und findet darauf ein Baby mit einem grünen Mützchen liegen. Das Grün der Wiese kündigt an, daß sich in der Natur eine Veränderung vollzogen hat, die ihrerseits auf eine seelische Wachstumsmöglichkeit der Träumerin hinweist. Das grüne Mützchen verstärkt diese Tendenz, drückt aber gleichzeitig auf symbolische Art aus, daß dem Größerwerden des Kopfes, das heißt wohl dem Heranwachsen und der Herausbildung eines eigenständigen Geistes, von Natur aus eine Schutzhülle mitgegeben ist. Dieses natürliche Grün enthält jedoch auch den Hinweis auf das Neue, auf die Anfangssituation. Die Analyse hat bekanntlich damals gerade begonnen. Das Grün der Wiese wie des Mützchens bezeichnet eine günstige Prognose, wobei letzteres aber auch noch auf den geistig unreifen Zustand der Analysandin hinweist.
Das Grün zieht sich wie ein Leitmotiv durch die kommenden Träume. Nicht nur weil der Neger im dritten Kapitel mit dem Bild des Struwwelpeters aus dem Kinderbuch assoziiert wird, trägt er ein grünes Kleid. Grün als Farbe des Samtstoffes fürs Gewand ist in diesem Traum etwas Weiches, keineswegs etwas Formloses, sondern vielmehr etwas ausgesprochen schön Gestaltetes, sogar mit Silber Verziertes und weist in dieser Qualität auf Weiblichkeit hin. Sie tritt hier in Verbindung mit starker, entschlossener Männlichkeit auf: Der Neger weiß, was er will, er ist autonom.

Das Grün der Vegetation erscheint wieder auf dem Bild der schwarzen Frau, die auf der Bank sitzt. Es versinnbildlicht hier die ursprüngliche Kraft, die dem Wachstum von Blumen wie Bäumen zugrunde liegt. Der seelisch vertrocknete Zustand ist durch ein natürliches Wachstumsgeschehen, das trotz vieler noch ungelöster Probleme kraftvoll eingesetzt hat, abgelöst worden.

Kraftvoll manifestiert sich das Grün auch in einem der drei Fensterläden auf dem Bild mit der eilendst zwischen den Häusern verschwindenden schwarzen Frau. Es macht mit den übrigen beiden Läden auf die Buntheit, das heißt emotionale Vitalität, aufmerksam, die – in Verbindung mit den Läden – vor einem unbefugten Zugriff nach innen hin schützt. Hier scheint das Grün einen Sinn für die Realität, ein Wissen um reale Gefahren zu verkörpern.

Nicht künstliche, sondern natürliche Grenzen in Form des nächtlichen Himmels nach oben und grünen Pflanzen zu den vier Seiten hin, schließen den Raum ab, in dem das geheimnisvolle Leichenmahl stattfindet, das gleichsam zu einem Wandlungsmahl wird, und verleihen somit dem weihevollen Geschehen eine natürliche Note.

Im Traum, der vom Aufbruch an den Wassern Babylons berichtet, vor allem aber in dessen bildnerischer Darstellung, fällt dem Grün die Rolle des Neuen, zukunftsverheißenden, tragenden Grundes zu: Der Weg, den das Ich unter der Obhut der Führungsgestalt begeht, liegt inmitten einer grünen Hügellandschaft. Der Ausbruch aus der Depression führt in keimendes, grünendes Leben; die Depression hat endlich dem Leben zu weichen.

Grün kann auch Fruchtbarkeit symbolisieren: Im Augenblick, da das Wasser des Sees zurückfließt, ersteht neues Grasland, ein Terraingewinn für das Ich und gleichzeitig eine Ernährungsgrundlage für den neuen, aus dem Unbewußten hervorbrechenden Wert, der in den drei weißen Stieren dargestellt ist.

Das Grün von Pflanzen und Bäumen erinnert an vegetatives Wachstum, das seinerseits dem Wechsel der Jahreszeiten unterworfen ist und somit auch dem Gesetz von immer wiederkehrendem Werden und Vergehen. Nicht so jedoch das Grün der Zeder, die wir als Lebensbaum interpretiert haben: Eine lebendige, zu stetem Wachstum und ständiger Weiterentfaltung fähige Mitte kündet sich in Form des immergrünen, seit alters symbolträchtigen Nadelbaumes an. Dieser Aspekt der Mitte, das heißt eines zentralen Geschehens – eventuell sogar eines Zentrierungsprozesses – tritt bereits vorher in Form des grünen Edelsteins am Ring der Freundin auf. Mit Hilfe dieses Ringes kann der Mond so nahe an das Ich herangeführt werden, daß dieses sich ihn anschauen kann. Was der Mond in der makrokosmischen Dimension darstellt, symbolisiert der grüne Ring in der mikrokosmischen Dimension.
Die Verbindung von Mond und grünem, allerdings ungeschliffenem Edelstein findet ihre Krönung im Traum von der Negerin mit dem Smaragd. Im Symbol des Smaragds gipfelt, was bisher über Grün ausgesagt worden ist: «Da der Smaragd grün und lichtdurchlässig ist, ist er der Stein des grünen Lichts, was ihm gleichzeitig esoterische Bedeutung wie regenerierende Kraft zukommen läßt. In Meso-Amerika war er dem Regen, dem Blut und allen Symbolen des humanen Zyklus zugeordnet und bildete einen Beweis für Fruchtbarkeit...» (Chevalier, S. 259 ff.)
Die Übereinstimmung mit dem Inhalt des Traumes ist um so packender, als Silvia M. bis dahin keine Ahnung von der Symbolik des Smaragds hatte. Daß sie an einem Wendepunkt ihrer Entwicklung steht, wurde schon vorher deutlich. Jetzt wird aber sichtbar, welch elementare, tiefe Schicht sich im Symbol als dem bildlichen Ausdruck des Archetyps meldet. Elementar ist das Wesen der Negerin an und für sich, elementar ist der Stein in seiner ungeschliffenen Form, elementar ist das grüne Licht, elementar ist der Mond: lauter weibliche Symbole im Bereich von Materie *und* Geist. Der Zuwachs

an Weiblichkeit in so ursprünglicher Form – losgelöst von jeglicher Art Klischee – ist rational kaum faßbar. Der Traum hat Sivlia M. ausgesprochen berührt und ihr allmählich ein neues weibliches Bewußtsein gebracht.

Es ist im Traum für das Ich von zentraler Bedeutung, in den Besitz des Smaragds zu kommen. Gerade dies gelingt und gelingt doch nicht. Die Negerin weist darauf hin, daß im Zustand gegenseitiger Zusammengehörigkeit das Teilen überflüssig wird: «Wenn eins zwei ist und zwei eins sind, muß nicht mehr geteilt werden.» Der Edelstein als harter Kristall ist nicht nur leuchtend, sondern ebenso kaum zerstörbar. So kann er im Jungschen Sinne als unzerstörbares Zentrum der Seele, des Selbst, angesehen werden, an dem sowohl das Ich wie dessen Schatten partizipieren. Damit man sein Leben anpacken kann, braucht man ein aktives, bewußtes Ich, ansonsten erleidet man es nur. Die Schwierigkeit besteht darin, den scheinbaren Widerspruch zu akzeptieren, daß die Impulse zur Lebensgestaltung jedoch aus dem Unbewußten kommen, genauer gesagt aus dem Selbst. Unsere Träumerin hat hierfür das Symbol des Smaragds «gewählt». Diesen Widerspruch als fruchtbares Spannungsfeld zu erkennen und zu akzeptieren, ist meistens erst in der zweiten Lebenshälfte möglich. Es ist dies eine emotional elementare Erfahrung, die sich nur schwer in Worte fassen läßt. Daher hat Silvia M. dieses Geschehen nicht nur aufgeschrieben, sondern auch zu zeichnen versucht, wie wir später noch sehen werden.

«Der Smaragd ist gesamthaft gesehen ein Ausdruck des periodisch wiederkehrenden Frühlings, d.h. periodische Erneuerung und daher Ausdruck der fruchtbaren Kräfte der Erde» (Chevalier, S.259): Einsicht in die großen Zusammenhänge des eigenen seelischen Geschehens setzt folgerichtig neue Schwerpunkte. Ausschließliche Ich-haftigkeit weicht zugunsten einer dialogischen Beziehung zu innerseelischen Vorgängen, ein Vorgehen, das mit dem ursprünglichen Lebensgesetz von «Stirb und Werde» ausgedrückt werden kann. Alte Verhaltensmuster müssen zugunsten neuer, im Traum geschauter und erfahrener weichen; ein Erneuerungsprozeß setzt ein, der dem eigentlichen Wesen des betreffenden Menschen adäquat ist.

Das Traum-Ich bringt seinerseits in einem Korb Früchte mit. Das zeigt auf sinnbildliche Weise, daß all die Arbeit des Ich, zum Beispiel alle aktive und bewußte Auseinandersetzung, Früchte getragen hat; in der ersten Lebenshälfte ist es unumgänglich, unser Ich so sehr in den Mittelpunkt zu stellen, daß es stark und tragfähig wird, um den Anforderungen des Lebens gewachsen zu sein. Und nun werden diese Früchte einem größeren weiblichen Bewußtsein dargebracht. Ich vermeide absichtlich den Ausdruck «geopfert», denn davon ist hier nicht die Rede; man kann sich eher vorstellen, wie die beiden Frauengestalten davon zehren werden. Ebenso bringt das Ich einen Fisch mit, der beiden zur Ernährung dienen könnte, wie es in der Anspielung auf eine Forelle deutlich wird. Der Fisch ist seinerseits ein Symbol für Leben und Fruchtbarkeit. Zu den Früchten des Baumes bringt das Ich auch noch eine Frucht des Meeres (Wassers) mit. Dies ist wohl ein Hinweis auf die innere Reife der Träumerin und gleichzeitig auf die Wichtigkeit des Ereignisses, der Begegnung der beiden Frauen.

Nähzeug hat das Ich auch bei sich – ein amüsanter Hinweis auf den Alltag: Silvia M. näht ausgesprochen ungern. Nähen ist eine ausgeprägt weibliche Fähigkeit, etwas, das Silvia M. in ihrer Vergangenheit als Mutter zweier Kinder oft getan hat, woraus sie sich heute keine Selbstbestätigung mehr holen kann. Aber jetzt, da es um Einheit und Teilung oder eben Aufhebung von Teilung geht, wird es wieder gebraucht. Das Nähzeug kann in symbolischem Sinne Getrenntes zusammenfügen.

Einen Block völlig weißen Papiers, einen Schreib- oder Zeichenblock also, hat sie außerdem bei sich. Hier scheint mir ein Hinweis auf eine schöpferische Begabung des Ichs zu lie-

gen. Papier will beschrieben werden, dazu braucht es den menschlichen Geist. Im Augenblick, da das Ich sich aber mit seinen unbewußten seelischen Anteilen verbündet, wird der Geist auch von dort her gespeist, so daß im fruchtbaren Austausch ein neuer Zustand echt weiblicher Geistigkeit erreicht werden kann. Die Einseitigkeit des Bewußtseins, wie sie zu Beginn der Analyse in fataler Weise vorherrschte, scheint endgültig überwunden zu sein.
Der Traum macht aber nachdenklich, weil er das alte Klischee von weiblich = passiv, reproduzierend und männlich = aktiv, geistig zunichte macht. Dadurch, daß dem Smaragd in der Nacht – der Domäne des Weiblichen – derartige Leuchtkraft innewohnt, daß er die ganze Hütte hell erleuchten läßt, wird unübersehbar, daß hier die Rede von weiblicher Geistigkeit ist. Dies ist zwar leider auch heute noch «gefährlich»; im Traum wird sie aber vom Mond geschützt, dem lunaren und damit umfassenden, weil kosmischen, weiblichen Prinzip. «Der Smaragd wird für feucht, wässerig und dem Mond zugehörig gehalten und setzt sich dem trockenen, feurigen, dem der Sonne zugehörigen entgegen.» (Chevalier, S. 261)
Sobald die beiden – weibliches Ich und weiblicher Schatten – kommunizieren und einander nicht als Rivalinnen bekämpfen, partizipieren sie am weiblichen Selbst, von dessen Kraft erfüllt sie zu neuen Taten schreiten werden: «Wenn eins zwei ist und zwei eins sind, muß nicht mehr geteilt werden.»

Bildbetrachtung (siehe Tafel 1)

Sehen wir uns die Zeichnung genauer an, so werden wir gewahr, daß sie dort einsetzt, wo der Traum endet: eine Behausung bietet den beiden Frauengestalten ein Obdach. Die Form der Behausung schmiegt sich an die Form der beiden knienden Frauenkörper; sie ist weich und anpassungsfähig und erinnert eher an ein Nomadenzelt aus einem riesigen Teppich als an eine Hütte aus Holz. Nach vorne hin ist sie offen, zu den Seiten und zum Hintergrund hin ist sie fensterlos abgeschlossen. Dadurch bildet sie gegenüber der äußeren Umgebung eine Welt für sich, in die dem Beschauer nun aber im Gegensatz zur früheren Zeichnung der Häuser mit den geschlossenen Fensterläden Einblick gewährt wird.

Wir sehen die beiden Frauen, die sich in der Hautfarbe wie in den Haaren deutlich voneinander unterscheiden: Sie sind zwei, die eine dunkelhäutig und schwarzhaarig, die andere hellhäutig und rötlichblond wie Silvia M. In ihrer Haltung unterscheiden sie sich nicht. Kniend sitzen sie einander gegenüber. Sie berühren sich kaum. Sie knien auf gleicher Höhe auf dem Boden: Es gibt kein Gefälle von der einen zur anderen Gestalt. Zudem sind sie beide etwa gleich groß und gleich schlank. Sie sind beide nackt und haben einen schönen Körper, keine scheint vor der anderen etwas verbergen zu müssen. Beide haben wohlgeformte Brüste als Ausdruck potentieller weiblicher Kraft. Beider Hände und Arme ruhen auf Beinen und Knien, beider Augen schauen sinnend vor sich hin und treffen sich nicht direkt. Die beiden bilden miteinander eine Einheit, in der sie nicht zusammen verschmelzen, sondern jede bei sich bleibt. Das zarte Rot von Lippen und Brustwarzen zeugt von ihrer Kommunikations- und Liebesfähigkeit. Sie sind ein Paar, bei dem sich trotz vieler Gemeinsamkeiten der eine Teil vom anderen abhebt. Sie füllen miteinander das Innere der Behausung aus, jede sitzt je in der einen Hälfte, sie lassen einander Raum, sie bedrängen einander nicht.

Und doch ist jede vom Geschehen des Traumes ergriffen: Sie sind einander in ihrer Andersartigkeit begegnet und haben Anteil an dem, was Smaragd und Mond symbolisieren. Der Smaragd liegt zwischen beiden, halb auf ihren Händen und Knien, halb schwebend. Er ist für einen Edelstein riesig und von einem leuchtenden Grün, das auch an den beiden Frauenkörpern und der hinteren Innenwand leuchtet. Das Gelb, das das Leuchten noch verstärkt, ist im Mond wieder aufgenommen. Dadurch gehören die beiden auch in der Farbgebung zusammen. Smaragd und Mond ergänzen sich – wie schon bei der Interpretation des Traumes erwähnt – vom Symbolgehalt her. Diese Thematik war bereits in einem vorangegangenen Traum dargestellt, als die Schattenfigur (als Freundin) das Ich zur Erkenntnis führen wollte, daß der Mond weiblich sei. Was sich damals als Thema kurz in einem Traum manifestiert hat, gewinnt nun Gestalt, indem es neu thematisiert und sogar gezeichnet wird: Die Partnerschaft zwischen Ich und Schatten ist vollzogen. Der Mond als zunehmende Sichel läßt ahnen, daß eine fruchtbare Entwicklung zum Durchbruch gekommen ist. Stein und Mond liegen übrigens auf der Zeichnung in der Hälfte, die das Ich (die weiße Frau) für sich beansprucht. Ob damit wohl eine Entwicklung angezeigt ist, die das Ich zu einem weiblichen Bewußtsein führt, indem der Anteil des Schattens, der den kostbaren Smaragd bis dahin sorgsam aufbewahrt hatte, nun integriert wird?

Das Bild ist Ausdruck der erwachten Liebes- und Beziehungsfähigkeit der Analysandin. Es ist daher ein ausgesprochen erotisches Bild, was streng zu unterscheiden ist von einem sexuellen. Sexualität, das heißt der sexuelle Akt, ist ein Vollzug, der aufgrund unserer biologischen Natur sich abspielen kann, er ist primär an unsere Geschlechtsorgane gebunden. In einer Liebesbeziehung wird diese Dimension allerdings überschritten. Eros dagegen ist jenes Erleben, das eine Atmosphäre des gegenseitigen Verstehens, des Akzeptierens und Respektierens schafft; es ist jenes Gefühl des Miteinander-in-Einklang-Stehens, das sich dann einstellt, wenn Menschen sich aufeinander einlassen und sich öffnen, weil sie einander vertrauen. Es ist ein Geschehen, das sich erst dann ereignen kann, wenn zwischen Menschen kein Konkurrenz- oder Rivalitätsstreben mehr besteht. Daher ist es nicht einfach etwas Naturgegebenes, das von selbst eintritt, sobald Menschen sich einigermaßen verstehen. Es ist vielmehr eine Frucht langer innerer Auseinandersetzung, die eine Übereinstimmung mit sich selbst, ein Mit-sich-ins-Reine-Kommen voraussetzt. Der Mensch – sobald er nicht mehr die Unbewußtheit eines Kindes hat – kann sich einem anderen Menschen erst dann völlig anvertrauen, wenn er mit sich selbst zu einem Konsens gelangt ist. Eros wird dann wirksam, wenn zwei (oder mehr) sich begegnen, die in sich ruhen und daher das Wagnis des Aufeinander-Zugehens eingehen können. Dem geht – wie bereits erwähnt – eine Auseinandersetzung mit sich selbst voraus, die oft einer jahrelangen Arbeit und viel bitterer Erfahrung bedarf.

Daß sich aus diesem Vermögen des gegenseitigen Einfühlens heraus, aus dem Hin und Her echter Gefühle, aus der Fähigkeit des In-sich-Ruhens wie des Ganz-beim-anderen-Seins, der Körper als feines Instrument anbietet, das die seelische Übereinstimmung zum Klingen bringt, liegt auf der Hand. Diese reife Form der Sexualität eint den Menschen, läßt ihn sich als ganzheitliches Wesen erleben. Sexualität ohne diese Voraussetzung ist immer etwas Abgespaltenes, das niemals den Menschen in seiner ganzen Tiefe umfaßt, es bleibt ein technisches Ereignis.

Was im Traum erlebt und dann vor allem auf der Zeichnung dargestellt worden ist, ist jenes gefühlsmäßige Aufeinandereingehen unter gleichzeitigem Sich-selber-treu-Bleiben. Es ist jene Harmonie, die auch Silvia M. so ergriffen hat. Beides – Traum wie Bild – zeigt auf, daß die bisher abgespaltene Weiblichkeit nun vom Ich als gleichwertig angenommen und respektiert worden ist. Dadurch findet das Ich auch den Weg zu seinem eigentlichen Wesen, dessen Kern das Selbst ist, das im Symbol des Smaragds für einen Augenblick lang sichtbar wird. Das ganze Geschehen ist noch in einem labilen Gleichgewicht. Gesichert ist es vorläufig in der Nacht – unter dem Schutz des Mondes, desjenigen Prinzips, das bekanntlich in

der Nacht herrscht. Sobald der Tag mit seinem andersgearteten Bewußtsein anbricht, bemerkt man den Glanz nicht, dann ist auch die Begegnung des Ichs mit der Negerin nicht möglich, da das Ich sie nicht finden kann; dann setzt das einseitig rationale Bewußtsein ein, das das ganze Erleben zunichte machen kann, indem es sich zum alleinigen Beurteiler emporschwingt. Das heißt, durch eine einseitig bewußte Rationalität wird das nächtliche Geschehen – jene Verbindung des Ichs mit seinem Schatten, die stete seelische Erneuerung in sich birgt – als minderwertig eingestuft. Damit würde die Integrierung in die Persönlichkeit zunichte gemacht.
Diese Gefahr ist groß. Der Mond, der im Traum zu schützen weiß, wird im Bild sogar in die Hütte hineingenommen. Es ist, als müßten die beiden Frauengestalten diesen Schutz direkt spüren: Der Mond scheint ja zu schweben, er scheint ebenso auf beider Köpfe zu ruhen.
Die Harmonie findet ihre Begründung in der Zweiheit und in der Farbgebung: zwei Frauengestalten sitzen einander gegenüber. Ihre Haut weist eine unterschiedliche Färbung und Tönung auf, und doch entstammen die Farben einer Grün-Braun-Violett-Skala, wobei das Violett (wohl das Verschmelzende, Bindende) zur Negerin gehört. Smaragd und Mondsichel stehen als symbolisch zusammengehörende Aussage über- bzw. untereinander. Beide sind gelb und grün, wobei beide ihre deutlich voneinander unterschiedene Form- und Farbgebung haben.
Auf zwei Ebenen, einer sogenannten irdischen wie einer kosmischen, wird dasselbe ausgedrückt: Träumerin–Negerin, Ich–Schatten einerseits, Smaragdstein–Mondsichel anderseits. Wir erleben eine Polarität, die sich nicht gegenseitig ausschließt, sondern vielmehr ergänzt; eine Einheit in der Verschiedenartigkeit führt zum Erlebnis des Weiblichen an sich.
Um das Ganze liegt wie ein Schutzmantel die Wand der Behausung, die alle Farben der Personen und Gegenstände in

sich aufgenommen hat. Ihre Form- und Farbgebung erinnert nicht nur an ein Zelt, das gegen den Himmel ragt, sondern ebenso an eine Höhle, die im Schoß der Erde geborgen ist. Und damit wird das Geschehen wiederum in zwei Dimensionen gestellt, die im weiten Hintergrund durch Erde und Himmel leicht erkennbar sind.
Die Form der Behausung ruft aber auch die Zeichnung zum Traum vom grünen Mützchen in Erinnerung. Dort bildet das hohe Gras eine Art Schutz um das nackte Baby und weckt die Vorstellung eines Uterus, ähnlich wie die Hütte der Negerin. Das ausgesetzte Kind, das Silvia M. zu Beginn ihrer Analyse im Traum findet, verkörpert den zu entwickelnden seelischen Inhalt. Dieser entpuppt sich im Laufe des hier aufgezeigten inneren Reifungsprozesses als die Schritt um Schritt und besonders in dieser Zeichnung sichtbar gewordene Beziehungsfähigkeit der Silvia M.
Auf diesem Bild läßt sich deutlich der Unterschied zwischen Symbiose einerseits und Partnerschaft anderseits aufzeigen. Nirgendwo findet eine Verschmelzung statt, nirgendwo eine Vermischung; beide Partner können in Gleichartigkeit und Unterschiedlichkeit nebeneinander und miteinander bestehen.

Die Jeepfahrt

Inflatorisches Intermezzo

Jede tiefergeifende Erkenntnis innerhalb des analytischen Prozesses setzt Energien frei, die sich unter anderem darin manifestieren, daß der betreffende Mensch sich beschwingt und unternehmungslustig fühlt. Hätte die Analyse mit diesem Höhepunkt aufgehört, wären die jetzt folgenden Erschütterungen nicht mehr bearbeitet worden und die bisher errungenen Erkenntnisse fragmentarisch geblieben. Anfänglich hat ein Erkenntnisprozeß oft kathartische Wirkung: Was bisher einen schwer zu beschreibenden, stetig würgenden Druck auf einen Menschen ausgeübt hat, ausgelöst beispielsweise durch ein bestimmtes Verhalten, eine Anschauung, eine Haltung, die gar nicht seinem Wesen entsprochen hat, fällt nun weg, indem das Wesensfremde als solches entlarvt worden ist. Dies schafft Erleichterung, weil das, was gedrückt hat und in der Fachsprache mit Depression bezeichnet wird, eben jenes Wesensfremde, das fälschlicherweise zum Eigenen deklariert worden ist, abgefallen ist. Im Zuge dieses Vorgangs geschieht es leicht, daß das Pendel zu weit ausschlägt und der Betroffene erneut in Gefahr ist, den Bezug zu sich selbst zu verlieren. Er ist von einer sogenannten *Inflation* gepackt, einem Zustand, in dem die kritische Selbststeuerung fehlt. Das Hochgefühl des Augenblicks scheint Möglichkeiten zu eröffnen, die sich dann doch nicht leben lassen. Diese Stimmung, alles sei machbar, ist erneut Ausdruck der abgebrochenen Verbindung zu den umfassenderen Schichten des eigenen Unbewußten. Da kann ein Traum korrigierend eingreifen:

Ich wollte meine Freundin besuchen, die eine Art «Wegwärterposten» im Gebirge innehatte. Sie mußte dafür sorgen, daß die Straßen im Gebirge in Ordnung blieben. Ich erreichte sie in einem alten staubigen schwarzen Jeep sitzend über einen Fahrweg mit großen Schlaglöchern. Als ich bei ihr ankam, lief sie mir entgegen, sie kam von einer Böschung herunter, auf der oben die Schienen einer Schmalspur-Materialbahn liefen. Sie rannte zu mir ans Auto und sagte, ich dürfe nicht aussteigen, das sei gefährlich. Da kam schon ein schwarzer, bedrohlich großer Hund angelaufen, ich klappte die Türe schnell wieder zu, der Hund gehörte meiner Freundin. So mußte ich im Auto bleiben. Plötzlich löste sich vom nächsten Berg ein gewaltiger Steinschlag, der herunterprasselte, aber durch die Böschung der Materialbahn aufgehalten wurde.

Das Ich ist im Traum voller Tatendrang unterwegs auf der Fahrt zu seiner Freundin, das heißt zu seinem Schatten, den es bis dahin als ihm gegenüber hilfreich zugewandt, führend und unterstützend erlebt hat. Im Auto wähnt sich die Frau allen Hindernissen der Fahrt gewachsen. Denn ein Jeep ist geländegängig, hat hohe Räder und ist mit einem starken Motor ausgerüstet, so daß er sich für waghalsige Abenteuerfahrten geradezu anbietet. Aber ist die Lenkerin dem Fahrzeug auch tatsächlich gewachsen? Sie ist es wohl; denn der Traum sagt deutlich aus, daß das Ich sein Ziel erreicht.
Der Fahrzeugtyp scheint das neue Lebensgefühl, das weiter oben als Inflation beschrieben worden ist, zu stärken. Natürlich sieht das Ich die Schlaglöcher auf der Straße; es läßt sich durch sie aber nicht von seinem Unternehmen abbringen. Es könnte sie eventuell als Warnsignale auffassen und daraufhin die Fahrt abbrechen. Aber es ignoriert sie, indem es einfach über sie hinwegfährt, was mit einem Jeep ohne weiteres möglich ist. Er unterstreicht jenes Hochgefühl, das das Ich von der Realität abhebt und dem Genuß ausliefert, «völlig losgelöst von der Erde» zu sein, wie es treffend in einem Schlager heißt.

Auch wenn die Fahrt gelingt, mutet sich das Ich ein Unternehmen zu, das eigentlich nicht mehr zu ihm paßt, indem es sich von seinen echten Gefühlen, die zum neuerwachten Frausein geführt haben, losgesagt hat und sich dem Rausch jenes männlichen Tatendranges hingibt, der sich genötigt glaubt, jede natürliche Grenze zu überschreiten. Dies führt jenen Typ Mann wohl zu großen Leistungen, die aber auf Kosten seiner seelischen Entfaltung gehen; er entzieht sich dadurch der echten Beziehung zu sich und seiner Umwelt und wird dadurch zum «Puer aeternus», zum «Ewigen Jüngling», indem er nicht heranreifen kann.
Silvia M. ist in Gefahr, in das alte Verhaltensmuster zu fallen, das sich zum Beispiel in einem früheren Traum im Bild der Astronautenfußspuren auf dem Mond ausgedrückt hat. Eine Hybris hat sie in dem Augenblick befallen, da sie eine Erweiterung ihrer Person dank des Durchbruchs der eigenen Weiblichkeit erfahren hat. Doch damit kann sie vorläufig noch nicht umgehen. Sie verfällt zuerst einmal der Inflation, die verhindert, daß sie einen echten Zugang zu sich findet und vielmehr bewirkt, daß sie sich mit ihrem positiven Schatten identifiziert. Dies führt unweigerlich zur Bedrohung des Ich.
Derjenige Anteil des Schattens, der dem Ich bis dahin ausschließlich wohlwollend zugewandt war – daher im Traum stets in der Form einer freundschaftlichen Gestalt wiedergegeben war – manifestiert sich im jetzigen Traum als eine die innere Ordnung aufrechterhaltende Kraft. Er hat zu diesem Zwecke eine Art Wegwärterposten inne. Wehe, wenn die innere Ordnung zusammenfällt und das Chaos ausbricht! Strukturierende Kräfte ermöglichen erst ein menschenwürdiges Dasein; sonst kann eine Psychose ausbrechen.
Als das Ich aus dem Auto steigen will, kommt die Freundin darauf zu. Nun findet aber nicht mehr jene fruchtbare Begegnung zwischen zwei weiblichen Gestalten statt, die im vorangegangenen Traum zu einer Bewußtseinserweiterung geführt hat. Denn das Ich hat jetzt den Ort des Schattens nur dank

seines Absolutheitsanspruches (symbolisiert durch die Jeepfahrt) erreicht und wird daher nicht in der Lage sein, mit dem Schatten zu kommunizieren.
Die Freundin tritt abweisend, beschwörend auf; denn sie weiß um die Gefahr dieser Unternehmung des Ichs. Dem Ich bleibt dank der Warnung gerade noch genügend Zeit, die Tür zuzuschlagen. Ein großer schwarzer Hund kommt nämlich im selben Augenblick den Hang herunter gerannt; er hat es auf das Ich abgesehen, das sich gerade noch retten kann. Der Hund erinnert an jenen Traum mit dem Platz, über den die Grenzlinie zwischen einem hellen und einem dunklen Bereich lief. An dieser Grenzlinie stand ein Hund. Auch im jetzigen Traum ist er wiederum Hüter einer Grenze: Wehe dem, der sie unbefugt überschreitet!
Der Hund gehört der Freundin. Sie ruft ihn aber nicht zurück, als er sich auf das Ich stürzen will. Sie hat das Ich bloß vor einer nahenden Gefahr gewarnt. Freundin und Hund scheinen untrennbar zusammenzugehören: Das Ich ist mit seinem positiven (Freundin) wie mit seinem negativen Schattenanteil (Hund) konfrontiert; letzterer manifestiert sich dann, wenn sich das Ich absolut setzt, und dies geschieht in der Inflation. Das heißt, in der Anmaßung des Alleinganges, in jenem Kraftakt des Traumes, der alles machbar erscheinen läßt, wenn man nur will («Wo ein Wille ist, ist auch ein Weg!»), wird das Ich beziehungsunfähig. So verliert es in dieser Situation auch jene Beziehung zum positiven Schatten, die im vorangegangenen Traum durch die gegenseitige Anerkennung in Form des Austausches und des Dialoges fruchtbar geworden war. Durch diese Isolierung und Abspaltung des Ich hat sich auch der Schatten verselbständigt. Das stellt für die Ich-Entwicklung eine Bedrohung dar. Es ist anzunehmen, daß das Ich gewaltsam jene Atmosphäre des Bezogenseins heranführen wollte, sie aber durch den Führungsanspruch verunmöglicht hat.
Nun ist das Ich jämmerlich eingeschlossen; der Jeep, der

eben noch Ausdruck stolzen Draufgängertums war, ist zum Gefängnis geworden. Die Sicherheit wird im Augenblick nur in Form des Eingesperrtseins erlebt. Der Rausch der Freiheit endet in der Unfreiheit. Auch der Zugang zum positiven Schatten ist in diesem Zustand verunmöglicht. Dieser hat sich zurückgezogen, und der negative Schatten dominiert in einer für das Ich lebensbedrohlichen, in der Fortsetzung sogar ganz elementaren Art: Der Berg gerät ins Rutschen, ein Steinschlag droht das bis dahin Schutz gewährende Auto samt dem Ich zu zerschmettern. An einem künstlich aufgeschütteten Bahndamm wird der gewaltige Steinschlag gebremst. Knapp entrinnt das Ich dem Verschüttetwerden.
Der Führungsanspruch des Ich hat eine neue Situation heraufbeschworen, die schnell lebensbedrohend wird. Seelisch fruchtbares Leben beruht auf dem Prinzip der Polarität. Sobald der Austausch zwischen den Polen nicht mehr stattfinden kann, weil einer der Pole verabsolutiert wird, kommt es zum seelischen Stillstand. Nun liegt es am Ich, eingeschlossen und gleichzeitig geschützt im Jeep, seine Größenhaltung aufzugeben, indem es sich diese Möglichkeit eigener Destruktivität bewußtmacht und dadurch die Einseitigkeit bzw. Überbetonung des Ichs zugunsten der Beziehung wieder aufgeben kann.
Denn was bringt ein Jeep, wenn man in ihm kein Ziel erreicht, an dem man aussteigen kann?

Die gespaltene Eiche

Stirb und werde!

Die Bedrohung, die im letzten Traum ausgeprochen worden ist, hat Silvia M. beunruhigt und nachdenklich gestimmt. Der Traum in der folgenden Nacht ist von derart existentieller Natur, daß er zum Markstein eines Neubeginns wird:

Auf einem herausragenden Hügel stand ein großer Baum. Er hatte weitragende Äste und einen dicken Stamm. Da Frühling war, hatte er bereits kleine Blättchen, die jedoch nicht die Struktur seiner Krone verbargen. Es hätte ein großer Eichbaum sein können. Dann bezog sich der Himmel, und es kam ein Sturm auf. Schließlich schlug ein Blitz vom Himmel in den Baum und teilte ihn in zwei fast genau gleiche Hälften, die auseinanderfielen. Als das Unwetter vorbei war, kamen aus zwei verschiedenen «Gemarkungen» oder Dörfern Bauern mit Pferden, die jeweils ihre Hälfte des Baums abschleppten. Ich habe dann – im Traum – später gehört, daß man aus der einen Hälfte eine Geige, aus der anderen Hälfte eine Skulptur gemacht habe.

Ein schön gewachsener Baum spricht uns immer wieder von neuem an, erst recht, wenn er als einzelner auf einem Hügel steht. Es ist, als berührten sich dort Himmel und Erde. Der Baum steht dazwischen und verbindet die beiden als Sinnbild des Lebens. Er wird von den Kräften der Erde genährt und ist der Sonne zugewandt.
Oft wurde früher bei der Geburt eines Kindes ein Bäumchen gepflanzt, wobei der Baum den betreffenden Menschen meist

überlebt hat. Man wünscht sich dabei, daß die Wachstumskraft, die ihm von Natur aus innewohnt, auf den neugeborenen Menschen übergehe.

Als Symbol des steten Wachsens und Sich-Entfaltens steht der Baum in direkter Beziehung zu Wachstum und Entfaltung des Menschen. Zu dem zu werden, was im Samen vorgegeben ist, ist für den Baum ein natürlicher, selbstverständlicher Vorgang. Für den Menschen hingegen ist es viel schwieriger, sich selbst zu verwirklichen. Weil er aber ahnend um sein Ziel weiß, ist er wohl immer wieder von neuem beim Anblick eines Baumes fasziniert. Es geht von ihm eine Kraft aus, die Mut macht.

Im vorliegenden Traum wird ein großer Baum mit dickem Stamm und weitausladenden Ästen gesehen. Er muß also bereits ein gewisses Alter aufweisen, hat schon manchen Sturm überlebt und ist durch sein stattliches Aussehen Künder von Fortdauer, Stetigkeit und Kraft. «Im Grunde vereinigen alle Bäume zunächst dasselbe Prinzip der Fülle und Kraft, die vom kleinsten Sproß an der Spitze weitergetragen wird, das sich ewig erneuernde, unerschöpfliche Leben der Welt» (Schliephacke, S. 12).

Ganz besonders eine Eiche weckt in uns diese Assoziationen; nicht umsonst taucht sie in diesem Sinne auch immer wieder in Literatur und Mythologie auf. Bei indogermanischen Völkern ist sie sogar ein heiliger Baum. In Dodona stand die heilige Eiche des Zeus und kündete Sterblichen die Zukunft. Bei den Römern war sie wahrscheinlich wegen ihrer majestätischen Gestalt und ihrer Eigenschaft, Blitze anzuziehen, Jupiter, bei den Germanen Donar geweiht.

Als Laubbaum untersteht die Eiche dem Wechsel der Jahreszeiten. So kündet sie einerseits von kontinuierlichem Wachstum und anderseits von stetem Wechsel.

Im Traum steht die Eiche auf einem Hügel. Dadurch erfährt sie in ihrer Aussagekraft eine eindrückliche Erhöhung. Auf den Bergen ereigneten sich von alters her so bedeutsame Geschehnisse wie Gottesoffenbarungen. In diesem Zusammenhang sprechen wir von heiligen Bergen, auf denen Götter wohnen oder auf denen heute noch heilige Stätten, wie beispielsweise auf dem Berg Athos, anzutreffen sind. Jahwe ist Mose auf dem Berg Sinai erschienen, um ihm dort die Gesetzestafeln zu übergeben. Eben ist es im Traum Frühling geworden. Die kleinen, zarten Blätter erinnern an Wärme, Neuwerden, Wachsen und Sommer. Der Baum schickt sich an, in seiner ganzen Pracht neu zu erstarken. Da schlägt der Blitz ein; als großer Zerstörer teilt er den Baum in zwei fast genau gleich große Hälften, die auseinanderfallen. Was stolz über Jahrzehnte, vielleicht sogar Jahrhunderte hinweg herangewachsen ist, wird innerhalb weniger Sekunden zerstört. Welch gräßliches, unfaßbares Geschehen!

Silvia M.s ganze Aufmerksamkeit gilt im Traum zuerst dem Baum. Sie ist gepackt von dessen erhabener Schönheit. Sie erlebt den Sieg des Frühlings über den Winter. Noch sind alle Äste des Baums einzeln zu erkennen, sie bilden zusammen eine ausgewogene Krone. Sie sind nicht mehr kahl wie im Winter, sondern überzogen von winzigen grünen Blättchen, die bald das Astwerk verdecken werden. Wieder einmal mehr erscheint das Grün da, wo sich eine Wende hin zu Aufbau, Zukunft, Neuerstehen ankündigt. Alles weist auf ein folgerichtiges, kontinuierliches Wachstum hin. Plötzlich zieht ein Sturm auf, der Himmel verfinstert sich. Die Gegensätzlichkeit der frühlingshaften Helle und Friedlichkeit einerseits und der dämonisch anmutenden Verfinsterung anderseits erzeugt eine gewaltige Spannung, die sich schließlich in einem Blitz entlädt und die Eiche niederreißt.

Wenn die beiden gegensätzlichen Pole solchermaßen aufgeladen sind, daß die Spannung zwischen ihnen zu groß wird, kommt es zur explosiven Entladung in Form des Blitzes. Im Blitz steckt eine derart große Konzentration elektrischer Energie, daß in der Physik immer wieder versucht wird, diese zu fassen und für den Menschen nutzbar zu machen, bisher leider weitgehend erfolglos. Gelänge diese Umsetzung in direkt verwendbare Elektrizität, so würden solch große Mengen an Energie frei, daß manche Energiefrage gelöst werden könnte.

Der Blitz ist ein Naturphänomen von elementarer Gewalt, das den Menschen seit den Anfangszeiten in Bann genommen hat. In Mythologien unterschiedlichster Kulturen wird der Blitz der jeweils höchsten Gottheit zugeordnet und manifestiert deren Willen und Allmacht. Er ist stets bipolar gedacht; denn er symbolisiert des Gottes schöpferische *und* destruktive Macht. So kennt der Hinduismus Shiva als Schöpfergott und Vishnu als den großen Zerstörer, beide mit dem Blitz ausgerüstet. Indra im Vedismus oder Zeus/Jupiter in der griechisch-römischen Antike vereinigen in der gleichen Gestalt als Blitzeschleuderer die beiden Werte. Der indogermanische Himmelsgott Donar ist zugleich Gewittergott. «Bei Kelten und Germanen spaltet sich als Himmelsgottsohn ein eigener Donnergott ab, ... dessen Baumsymbol die Eiche war, weil sie gern von Blitzen getroffen wird. Solange der Himmelsgott auch Donnergott war, war er auch Eichengott... Das Nachleben der Donarsymbolik zeigen auch Flurprozessionen mit Wettersegen gegen Blitzgefahr» (Lurker, S. 118f.). Wo der Gott mit seinem Blitzstrahl hintrifft, wird der Ort heilig, der Mensch geheiligt: Der höchste Gott hat sich im Blitz offenbart.

Der Blitz zerstört und ruft gleichzeitig eine neue Situation hervor, er ist Tod und Leben. Oder wie es Chevalier formuliert: «Er ist das Symbol der himmlischen Aktivität, der verwandelnden Aktivität auf der Erde» (S. 347). Im Hinduismus und Tantrismus (skr. Vajra, tib. rDo-rje) ist die verwandelnde Kraft des Blitzes im sogenannten Donnerkeil oder Diamantzepter symbolisch festgehalten. In der Hand der Gottheit, zum Beispiel Indra, symbolisiert er die männlichen Prinzipien (d.h. die Methode der Lehre, den Weg im Gegensatz zu Wissen und Weisheit, die in der weiblich empfundenen

Glocke symbolisiert sind), die richtend und segnend zugleich auf den Betroffenen niederfahren. So gesehen symbolisiert der Blitz das Prinzip der Fruchtbarkeit, er ist das befruchtende Feuer. Oder zusammenfassend gesagt: «Blitz ist die Schöpfung, die aus dem Nichts in noch chaotischem Zustand auftaucht oder die in einer apokalyptischen Feuersbrunst zunichte wird» (Chevalier, S. 349).
Luther hatte sein großes Bekehrungserlebnis im Gewitter, Todesängste wegen der Blitzschläge ausstehend. Saulus ist seine Verwandlung in Paulus unterwegs nach Damaskus in einem großen Lichterlebnis widerfahren (Apostelgeschichte 9). Mose erfährt seinen göttlichen Auftrag im brennenden Dornbusch (2 Mose 3); die Zehn Gebote werden dem Volk vom Sinai aus in Blitz und Donner verkündet (2 Mose 19).
Silvia M.s Eiche liegt in zwei Hälften auseinandergerissen am Boden. Was einst zugleich Sicherheit und Zuversicht geschenkt hat, liegt darnieder; zerstört ist die Idylle des steten Wachsens und Gedeihens.
Das ganze Geschehen mutet zuerst einmal wie ein sinnloser Zusammenbruch an. Was soll diese Zerstörung? Was soll dieser Willkürakt? Ist er eine Antwort auf jene Ich-Haltung im vorangegangenen Traum, die sich alles zugetraut hat, eine Fortsetzung des Steinschlags? Ist es ein Augenblick, da das Schicksal zuschlägt, oder gehört dieses Geschehen ganz selbstverständlich in den Ablauf menschlicher Entwicklung? Alles, was im Baum symbolisiert ist, fällt auseinander. Die ganze Entwicklung scheint mit einem Schlag zunichte gemacht. Im Baum ist jenes Wachsen dargestellt, das sich natürlicherweise vollzieht.
Bis dahin ging es in der Analyse Silvia M.s weitgehend darum, sich in dieses natürliche Geschehen hineinzustellen. Es sei an den Traum unmittelbar vor der Analyse erinnert, in dem die gesamte äußere Natur in der Dürre abzusterben drohte. Ebenso gedarbt hat die innere Natur, indem die Analysandin damals überhaupt keinen Zugang mehr zu sich selbst

gefunden hatte und in ihrer Depression zu erstarren drohte. Ein langer Weg über die Auseinandersetzung mit ihrer Kindheit und Jugend, mit den schicksalsmäßig zugefallenen Eltern und den Konsequenzen für ihr Leben als junger erwachsener Mensch hat schließlich dazu geführt, daß Kräfte freigesetzt worden sind, die das Ich aus den Verstrickungen der Herkunft hinausgeführt haben. Eigene Geistigkeit, dargestellt in den verschiedenen Führergestalten, sowie eigene Weiblichkeit, dargestellt in verschiedenen Frauengestalten, sind erwacht und haben dazu geführt, daß die natürliche Entfaltung, wie sie in jedem Menschen eben von Natur aus angelegt ist, einsetzen konnte. Die Felder haben angefangen, Frucht zu tragen, die Wiesen sind erblüht, der natürliche Ursprung, das Menschenbaby, ist gefunden worden.

Nun sind wir als Menschen aber nicht ausschließlich Natur, wir haben wohl immer unsere kreatürlichen Anteile, die für uns lebenswichtig sind. Aber wir heben uns als Mensch eben auch von der kreatürlichen Schöpfung ab, indem Leib, Seele und Geist einer steten Weiterentwicklung unterliegen, die uns von der übrigen Natur unterscheidet. Im Traum der Silvia M. greift eine Macht ein, die unsere Vorfahren mit der höchsten Gottheit identifiziert haben. Ein Zeichen wird gesetzt, das deutlich macht, daß der ausschließlich natürlichen Entfaltung etwas Weiteres folgen muß.

Der Blitz, seinerseits für einen kurzen Augenblick eine intensive Verbindung zwischen Himmel und Erde, zerstört, damit aus der Zerstörung etwas Neues entstehen kann. Der Sinn des Baumes liegt nicht allein im kontinuierlichen Wachstum, das sich bildlich in den Jahresringen niederschlägt, er steht dem Eingriff des Menschen zur Verfügung, damit er daraus etwas schaffen, seinerseits kreativ werden kann. Er gibt ihm Mittel zur Entwicklung menschlicher Techniken, das heißt zur Bearbeitung, womit der Prozeß der Kulturwerdung oder, psychologisch ausgedrückt, der Individuationsprozeß einsetzt. In der Zerstörung liegt der Keim zur Schöpfung. Dem

Augenblick des Endes folgt eine neue Schöpfung, aus rein kreatürlichem Leben entsteht durch gezieltes Gestalten bewußtes Leben. Eine Erneuerung auf höherer geistiger Stufe ist im Traum vorausgenommen. Der Blitz wird zur Erleuchtung und bahnt den Weg zu geahnter neuer Entwicklung.
Es ist erstaunlich, wie ruhig die Handlung im Traum nach dem Unwetter abläuft. Kein Entsetzen, keine Panik, keine Trauer setzen ein. Bauern rücken mit Pferden an, um den zerstörten Baum abzuschleppen. Der Bauer ist erfahren im Umgang mit der Natur, aber er weiß auch um deren Gewalten. Unwetter, Überschwemmungen oder Blitz und Hagel setzen all seinen Bemühungen ein jähes Ende. Will er nicht verzweifelt zugrunde gehen, so muß er nach der Katastrophe Hand anlegen. Anderseits hat er auch einen Sinn entwickelt, alles, was in der Natur entsteht, zu nutzen. Eine seelische Kraft, die zutreffend mit dem Bild des Bauern ausgedrückt werden kann, ist auch bei Silvia M. am Werk. In all der langwierigen Auseinandersetzung mit sich selbst scheint eine Fähigkeit herangereift zu sein, die zupacken kann, wo sich's ergibt und als not-wendig erweist. Denn hier wird aus der Not, dem Tod, etwas Neues gemacht.
Das hört sich schön an, ist aber in Wirklichkeit eine Aufgabe, vor der der Mensch immer wieder zurückschreckt. Sich damit abzufinden, daß etwas endgültig zu Ende ist und sich davon zu lösen, ist schwierig und fordert Vorhandensein und Einsatz großer Kräfte. Es ist leichter, über einen Schicksalsschlag zu jammern und damit die ganze Umwelt zu belasten, als sich aktiv der neuen Situation zuzuwenden. Schnell kann es geschehen, daß durch ständiges Klagen vergessen wird, wie sehr dadurch eine Eigenentwicklung blockiert wird. Und schon bietet sich die Flucht in Projektion oder Krankheit an.
Pferde verkörpern natürliche Kraft. Ein Maß für die Kraft in der Technik ist die Pferdestärke, als PS bekannt. Sie macht deutlich, welch gewaltige Anstrengung dieser bewußte Wandlungsprozeß dem Menschen abfordert.

Das Geschehen läuft im Traum in stiller Folgerichtigkeit ab. Interessant ist das Faktum der zwei Hälften, der zwei Gruppen Bauern aus zwei verschiedenen Dörfern und der zwei unterschiedlichen Gegenstände, die geschaffen werden. In der Folge des Blitzschlages entsteht die Zwei, die erst einmal auf eine Entzweiung hinweist. Was vorher ein stattlicher Baum war, zerfällt in zwei Hälften. Es könnte hier auch seelisch ein Augenblick innerer Entzweiung dargestellt sein, in dem das, was bis dahin sich als natürliches Wachstum eingestellt hat, unterbrochen worden ist. In der Zwei manifestiert sich aber auch die Fähigkeit zur Unterscheidung: neben einer natürlichen, biologisch gesteuerten kann auch eine bewußte Entwicklung, der sogenannte Individuationsprozeß, verlaufen. In diesem Zusammenhang wird die Zahl Zwei zum Ausdruck der Bewußtwerdung, der Fähigkeit zur Unterscheidung und damit auch zur Trennung. Aus dem zusammengestürzten Baum entstehen nicht Tempelsäulen – bekanntlich verkörpern die antiken Tempelsäulen die Idee des Baumes bzw. des Baumstammes –, sondern eine Geige und eine Skulptur.
Eine alte Geigeninschrift läßt uns aufhorchen: «Arbor viva tacui, mortua cano.» Als grüner Baum schwieg ich, als toter singe ich. Über ein Musikinstrument können Töne zum Klingen gebracht werden; Musik ist Ausdruck menschlichen Erlebens, menschlicher Gefühle aller Art. Es braucht größte handwerkliche Geschicklichkeit, eine Geige herzustellen, und ebenso fordert das Spielen auf der Geige Können und Virtuosität. Eine Skulptur zu schnitzen, setzt auf andere Art handwerkliches Geschick und künstlerisches Können voraus. Beides, Instrument wie Skulptur, sind Ausdruck menschlicher Kultur, menschlicher Kreativität, die menschlichem Leben einen umfassenderen Sinn verleiht. Daß aus umgeformter Natur Kultur entstehen kann, ist andeutungsweise bereits im ersten Traum durch das Herannahen des Traktors angekündigt worden!
Da der Baum in zwei Hälften zerfallen ist, scheint es auf den

ersten Blick weiter nicht erstaunlich, daß daraus nicht ein, sondern zwei neue Objekte entstehen. In dieser Zweiheit scheint sich aber bei längerem Nachdenken etwas Wesentliches der neuen Lebenseinstellung zu manifestieren. Es liegt in ihr die Freiheit der Wahl, das heißt die Freiheit zur Entscheidung: Diese ist ein Charakteristikum bewußter Lebensgestaltung. Starrheit und Festgelegtsein werden umgangen. Der freie Mensch wird geboren, der mit der Wahl der Entscheidung gleichzeitig die Verantwortung dafür übernimmt. Beides scheint im Holz enthalten zu sein: Geige wie Skulptur. Man muß es ihm allerdings durch entsprechende Fähigkeiten zu entlocken verstehen. «Ohne Baum wäre der Mensch nicht zum Kulturmenschen geworden. Erst der Baum macht die Erde wohnlich... Er gab die Mittel zur Entwicklung menschlicher Techniken... Als solches Zeichen der Götternähe wurden Baumstämme auch Vorbild für die ägyptischen, kretischen und griechischen Säulen. Die Bäume der ‹Heiligen Haine› wurden später... Tempelsäulen» (Schliephacke, S. 12). Im Traum hört das Ich nur von der Entstehung einer Geige und einer Skulptur; es erlebt beides noch nicht als eigene, bewußte Realität, weiß aber bereits um deren Existenz. Das kann als Hinweis dafür dienen, welche Möglichkeiten Silvia M. in ihrer weiteren Entwicklung noch zur Verfügung stehen. Der Individuationsprozeß als eine zu erfüllende Lebensaufgabe hat für sie endgültig eingesetzt. Daß damit ein Neubeginn stattfindet, verrät der Traum in der Tatsache des Frühlings, jener Jahreszeit, in der die Natur zu neuem Blühen, Wachsen und Reifen ansetzt. Frühlingsgewitter sind äußerst selten – die eben dargestellte Krise und Wende zu bewußter Lebensgestaltung, die, den eigenen inneren Gesetzen folgend, zu innerer Freiheit und Unabhängigkeit und damit zu Neuwerdung führt, ist kein alltäglicher Vorgang.

Im Strom des Lebens

Ausklang

Wenige Wochen danach, während eines Urlaubs am Meer, hat Silvia M. den folgenden Traum:

Ich grabe eine Blume im Gebirge aus und pflanze sie in einen Topf in Erde vom ursprünglichen Standort (das tat ich drei Tage vorher wirklich). Ich gehe nun, Wasser zu suchen, eine Quelle vielleicht oder einen Bach. Ich muß lange gehen, über staubige Ebenen und über Hügel, ich werde müde und durstig. Aber immer trage ich die Blume mit mir. Schließlich gelange ich an einen reißenden Fluß, die Ufer liegen tief unter mir und sind schwer zu erreichen, es ist ein gefährlicher Abstieg, immer auch mit der Gefahr, die Pflanze zu verlieren oder sie zu beschädigen. Aber dann geht es doch einfacher, als ich dachte. Ich knie auf einem Stein, da reißt mir die Strömung den Topf mit der Blume weg, aber es gelingt mir noch, ihn festzuhalten. Es reißt mich mit, durch Strudel, ich schlage gegen Felsen, aber ich halte fest. Und bemerke verwundert, daß die Pflanze wie ein Floß ist: Sie schwimmt und trägt mich, der Topf wird größer, weiter, wie eine schwimmende Insel, die durch das jetzt breitere und ruhigere Wasser des Flusses treibt. Ich kann jetzt auf der Insel sein, ich bin unverletzt, und das Wasser belebt sich, es gibt Schwimmer und Boote, andere Inseln, und die Schwimmer können sich an den Inseln festhalten, und die Boote können anlegen. Alles ist sehr lebendig und sehr friedlich zugleich.

Als erste, zentrale Handlung dieses Traumes gräbt das Ich eine Blume im Gebirge aus und pflanzt sie danach in einen Topf mit Erde vom ursprünglichen Standort. Beim Erzählen des Traumes stellt sich heraus, daß es für Silvia M. entscheidend ist, nicht eine spezielle Blume, sondern ganz allgemein eine schöne Blume ausgegraben zu haben. Form und Farben sind der Träumerin entfallen, sie sind ihr auch gar nicht wichtig. Wichtig ist für sie einzig und allein, daß es eine schöne Blume samt den Wurzeln und der dazugehörigen Erde ist.
Jede Blumenart besitzt ihre eigene Symbolik. Ganz allgemein läßt sich jedoch sagen, daß die Blume ein Symbol von weittragendem Gehalt ist. So verkörpert sie unter anderem das passive Prinzip, indem ihr Kelch Regen und Tau, aber auch die Wärme der Sonne aufnimmt. Der Traum scheint in diesem Zusammenhang zu zeigen, daß Silvia M. sich um die Fähigkeit bemüht, das, was von oben kommt, das heißt von außerhalb ihrer selbst, aufzunehmen. Es gilt, sich für das zu öffnen, was befruchtend, erneuernd und erhaltend wirkt.
Der Kelch als Gefäß verkörpert das Weibliche, das das befruchtende männliche Prinzip, den Animus, in Form von Regen, Tau oder wärmenden Sonnenstrahlen aufnehmen kann. In der Blume als einer Pflanze verdichtet und manifestiert sich auch die Energie der Sonne. Von diesem Gesichtspunkt aus gesehen, ist das Ich bestrebt, sich sorgfältig diese Energie anzueignen und zu erhalten. Hier wird die Sonne nicht als das tödlich wirkende Prinzip wie im ersten Traum erlebt, vielmehr ist sie jetzt eine lebensfördernde, aufbauende Kraft.
Unweigerlich erinnert die Handlung zu Beginn dieses Traums an Novalis' «Heinrich von Ofterdingen», wo die Blume, als Symbol der Liebe und der Harmonie, die ursprüngliche Natur charakterisiert, wie sie uns im Kind oder auch im Zustand des Paradieses vorschwebt. In der Romantik wird diese Sehnsucht durch die Suche nach der «Blauen Blume» dargestellt; Blau gilt aus Ausdruck von Ferne, Verträumtheit, paradiesischer Irrealität.

Bei Silvia M. ist es nicht eine blaue, sondern einfach eine Blume, was verdeutlicht, daß sie nicht auf der Suche nach dem Paradies ist, sondern ganz realistisch sich ihrer Blume zuwendet. Sie hat sie sorgfältig mitsamt den Wurzeln ausgegraben und in die ihr bekömmliche Erde gesetzt. Das heißt, das Ich hat einen sehr realen Bezug zu dem, was es tut – es ist nicht mehr abgehoben wie in einem früheren Traum. Jede gut verlaufende Analyse bringt einen Zuwachs an Realitätssinn, der hier verdeutlicht wird und einer Ich-Stärkung entspricht.
Ein interessantes, aussagekräftiges Detail ist die Tatsache, daß die Blume im Gebirge ausgegraben wird, wohingegen Silvia M. zum Zeitpunkt des Traumes am Meer weilt. Ist dies wohl eine Kompensation, die der Traum vornimmt, oder gilt es vielmehr den Hinweis der Analysandin aufzunehmen, daß die für sie schönsten Blumen in den Alpen wachsen?
Ein weiterer eindrücklicher Sinngehalt der Blume ist im Buch «Das Geheimnis der Goldenen Blüte» (Wilhelm, Vorwort Jung) angeführt. Auf dem tantrisch-taoistischen Weg zur Erreichung eines höheren geistigen Zustandes erscheint als Symbol die Blume, die in ihrer Blüte die Vereinigung der Essenz (tsing) und des Atems (k'i), die Vereinigung von Wasser und Feuer, ausdrückt. Die Blume wird mit dem Lebenswasser gleichgesetzt, die Blüte drückt die Rückkehr ins Zentrum, das heißt die Einheit im ursprünglichen Zustand, aus.
Erst auf diesem Hintergrund wird das wahre Traumgeschehen verständlich. Das Ich findet in Form dieser Pflanze zu sich; sie ist eine Sichtbarwerdung des an und für sich unanschaubaren seelischen Zentrums selbst. Es geht um das Geschehen der Selbstfindung, in dessen Dienst sich das Ich stellt. Im folgenden ist das Ich um die Blume besorgt und geht deshalb auf die Suche nach Wasser. Dabei muß es eine weite Strecke zurücklegen, die über Ebenen und Hügel führt. Das macht müde und durstig und erinnert uns an den ersten Traum. Aber im Gegensatz dazu handelt es jetzt: Es geht unbeirrt weiter, die Blume stets mit sich tragend.

Die Blume braucht wie jeder Organismus Wasser. Denn nur in Wasser gelöst, kann die Pflanze die nötigen Nährstoffe aufnehmen; alle Lebensvorgänge in ihren Zellen sind an das Vorhandensein des Wassers gebunden. Wasser erhält die Spannung in ihren Zellen aufrecht. Wenn es fehlt, verwelkt die Pflanze. Das Ich ist stark und ausdauernd geworden: Es überwindet staubige Ebenen und hält trotz Ermüdung Durststrecken durch, stets das Ziel im Auge behaltend.
Endlich gelangt das Ich dorthin, aber der reißende Fluß fließt tief unter ihm, scheint unerreichbar. Es läßt sich durch nichts beirren, weder durch den gefährlichen, steilen Abstieg noch durch das reißende Wasser. Das heißt aber nicht, daß es sich einfach von der Tatsache hinreißen ließe, das Ziel erreicht zu haben, und für die dortigen Gefahren blind ist, im Gegensatz zur Fahrt im Jeep. Das sichere und zugleich vorsichtige Vorgehen ist Ausdruck innerer Sicherheit, die sich dann einstellt, wenn ein Mensch das dazu nötige Vertrauen zu sich gefunden hat. Dann ist er in einer guten Beziehung mit sich selbst, was ihn zu einer Haltung des Bezogenseins auch nach außen hin führt. Dies verleiht Sicherheit im Auftreten und macht lebendig; es ermöglicht eine aktive Anteilnahme am Leben. Das scheint im Traum sehr direkt durch das Fließen des Wassers dargestellt zu sein. Denn im Fließen manifestieren sich Kraft und Energie, zu denen das Ich inzwischen Zugang gefunden hat.
Die Atmosphäre dieses Traumes steht in deutlichem Kontrast zu jener des ersten: Hier ist alles in Fluß gekommen, dort war alles in Stagnation geraten, die in Tod zu münden drohte; hier ist alles von pulsierendem Leben durchströmt, dort herrschte ausschließlich sengende Dürre.
Auf einem Stein direkt am Ufer kniet die Träumerin nieder, um ihre Pflanze zu wässern. Das Motiv des Niederkniens wiederholt sich hier: Im Initialtraum, der bekanntlich die künftige seelische Entwicklung vorausahnend aufnimmt, kniete das Traum-Ich zum Baby nieder als Ausdruck dafür,

daß es bereit war, die Verantwortung für dessen Entwicklung zu übernehmen. Hier nun geht es um die Übernahme der Verantwortung für die Blume und damit für alles das, was sie symbolisiert.

Als das Ich seinem Auftrag nachkommt, wird der Topf mit der Blume von der Strömung weggetragen. Das Ich läßt ihn aber nicht los, sondern hält ihn tapfer fest, so daß es selber vom Wasser mitgerissen wird. Für kurze Zeit droht der Träumerin der Untergang: Sie wird durch Wirbel gezogen und an Felsen geschleudert – und hält dennoch fest.

Eintauchen in das Wasser heißt, an dessen Kraft teilzuhaben. Das Wasser ist in diesem Sinne Symbol des Lebens und der Fruchtbarkeit, der Belebung und Erneuerung. Die Fluten reißen Leben aber auch in ihre Tiefen. Darum ist Wasser ebenso ein Symbol für den Tod. Beides findet seinen Niederschlag im rituell-religiösen Bereich. Daher drückt die Taufe ein Eintauchen ins Wasser, das heißt ein Ablegen und Absterben des alten Menschen aus wie ein Auftauchen aus dem Wasser, das heißt ein Neugeborenwerden, eine Erneuerung des Getauften.

Das Wasser wird dadurch zum Symbol der Reinigung und Erneuerung. Im Wasser vollzieht sich also die Symbolik von Tod und Wiedergeburt, von «Stirb und Werde».

«Wo aber Gefahr ist, wächst das Rettende auch» (Hölderlin, «Patmos»). Pflanze und Topf werden zum Floß, das schwimmt und trägt; sie erweitern sich zur schwimmenden Insel auf dem inzwischen breiter gewordenen und ruhigeren Wasser. Im Zuge des Geschehens ist das Ich plötzlich nicht mehr im Wasser, sondern wie die Pflanze auf der Insel. Es ist gerettet, indem es festen Boden unter den Füßen hat. Aber es steht nun auf einer Insel – nicht mehr auf dem sicheren Festland. Und die Insel treibt auf dem Wasser voran.

Das Entstehen einer Insel inmitten fließenden Wassers deutet auf eine grundlegende Veränderung der seelischen Situation hin. Das ganze Traumgeschehen erinnert unwillkürlich

an den Vorgang in einem Schöpfungsmythos. Der Religionswissenschaftler Mircea Eliade meint dazu:
«Das Wasser symbolisiert die Summe der Möglichkeiten, es ist *fons et origo,* das Reservoir aller Möglichkeiten der Existenz; es geht jeder Form voraus und *trägt* jede Schöpfung. Ein Urbild der Schöpfung ist die Insel, die sich plötzlich inmitten der Fluten ‹manifestiert›.
Umgekehrt versinnbildlicht das Eintauchen in das Wasser die Rückkehr ins Ungeformte, die Wiedereinfügung in den undifferenzierten Zustand der Präexistenz. Das Auftauchen wiederholt den kosmogonischen Akt der Formwerdung; das Eintauchen bedeutet die Auflösung der Formen. Deshalb umfaßt der Symbolismus des Wassers sowohl Tod als auch Wiedergeburt. Die Berührung mit dem Wasser bedeutet immer Regeneration, erstens, weil auf die Auflösung eine ‹Neugeburt› folgt und zweitens, weil das Eintauchen fruchtbar macht und das Lebenspotential vervielfacht... Die Bestimmung des Wassers ist, der Schöpfung vorauszugehen und sie wieder aufzusaugen, selbst aber die eigene Modalität nicht verlassen, das heißt keine *Formen* annehmen zu können. Das Wasser bleibt immer in einem virtuellen, keimhaften und latenten Zustand. Alles, was *Form* ist, manifestiert sich oberhalb des Wassers, sich von ihm ablösend.» (S. 76f.)
Mit diesem letzten Bild zeigt der Traum eine vollkommen neue, veränderte Lebenssituation auf. Der Aufbruch von den stagnierenden Wassern Babylons hat sich gelohnt: Das Ich ist beim Wasser des Lebens angelangt und ist an den Strom des Lebens angeschlossen. Aber leben auf einer schwimmenden Insel – kommt dies nicht der Preisgabe der Sicherheit gleich?
Wir könnten ebenso umgekehrt fragen: Ist Streben nach absoluter Sicherheit nicht gleichbedeutend mit der Preisgabe des lebendigen Lebens?
Silvia M.s Leben auf der Insel ist nicht eine Robinsonade. Denn sie ist nicht isoliert. Das Wasser belebt sich mit

Schwimmern, die jederzeit auf die Insel kommen können, wenn sie wollen. Ebenso tauchen im Wasser Boote auf. Es entstehen sogar noch zusätzliche Inseln, so daß schließlich ein lebendiges, aber ausgesprochen friedliches Treiben herrscht. Mit anderen Worten: Silvia M. ist inmitten einer lebendigen Umgebung zu neuem Leben erwacht. Sie kann Vereinzelung ertragen und lebt gleichzeitig in aktiven Bezügen, wie sie durch die Besuche auf der Insel dargestellt werden.

Sehen wir uns noch einmal den Verlauf der gesamten Analyse an.

Auf der Suche nach sich selbst ist Silvia M. immer wieder auf ihren *Schatten* gestoßen, was sie zur Auseinandersetzung mit ihrer Weiblichkeit geführt hat. Dieser Schatten begegnete ihr in Form der Cousine, der schwarzen Frau, der Freundin als belehrend, partnerschaftlich und ordnend kritisch, des jungen Mädchens im Krötenmärchen, des schwarzen Hundes, der Negerin sowie einiger Nebenfiguren. Sie hat dabei zuerst diejenigen Anteile erkennen müssen, die ihre internalisierte *Mutter* verkörpert hatten, um sich dann davon trennen zu können und zu ihren eigenen weiblichen Anteilen zu finden.

Sie ist auf ihrer bisherigen Suchwanderung ebenso den männlichen Anteilen in sich begegnet. Dies führte sie als Frau zu einer Auseinandersetzung mit der Rolle des Vaters und dessen Bedeutung für ihren eigenen Lebensweg. Diese internalisierten Bilder der Eltern stehen in Beziehung zu den Archetypen. Dies weiter zu analysieren, sprengt jedoch den Rahmen dieses Buches. Mit ihrem *Animus* ist sie in Form des Traktors, des Negers, des Vaters, der Führergestalt in mehreren Träumen, des Königs, der Stiere, des Einsiedlers im Krötenmärchen, des Mannes mit dem Blumenstrauß und einiger Nebenfiguren konfrontiert worden. Sie hat dabei wiederum zuerst diejenigen Anteile erkennen müssen, die ihren internalisierten *Vater* verkörpert hatten, um sich dann davon lösen zu können und ihre eigenen männlichen Anteile zu finden.

Schatten und Animus haben das Ich immer deutlicher auf seinen Ursprung verwiesen, der auch der ihre ist: das *Selbst.* Dieses hat sich vor allem im Steinwurf, aus dem eine Zeder wird, im Smaragd und in der Blume manifestiert.
Auf dieser Suche nach dem eigenen Wesen erstarkt das *Ich* zusehends; es beginnt aufzuleben. Silvia M. ist ein freier, selbstbewußter und beziehungsfähiger Mensch geworden. Ihre früheren Symptome wie Migräne und Depressionen treten nicht mehr auf.
Ist dies das Ende einer Entwicklung? Nein! Nichts, das Teil des Lebens ist, ist mit seiner Entwicklung je am Ende. Es gibt wohl Entwicklungen, die sich als Irrweg, vielleicht sogar als Sackgasse entpuppen. In solchen Augenblicken werden jedoch oft Kräfte wach, die in eine andere Richtung steuern. Wir müssen sie nur wahrnehmen.
Das Ende einer Therapie setzt keinen endgültigen Abschluß in der Entwicklung. Die Analyse gibt nur die Mittel in die Hand zu einer bewußteren Auseinandersetzung, die aber niemals endet. Denn Leben bedeutet: in der Auseinandersetzung mit sich und der Welt stehen.
Die Insel treibt weiter. Vielleicht geht sie in einem Unwetter unter. Vielleicht wird der Fluß zum Strom, dann kann sie zum Meer gelangen. Vielleicht wird die Insel ans Ufer getrieben und wird Teil des Festlandes. Dies bleibt alles offen. Fest steht nur, daß Silvia M. nach wie vor in einer Welt lebt, in der Frauen es schwer haben, sich aus sich heraus zu definieren. Sie wird aber im neu erarbeiteten sicheren Bewußtsein ihre Fähigkeiten besser einsetzen und als lebendiger Mensch aktiv am Leben teilnehmen können.
Vielleicht drängt sich hier dem einen oder anderen die Frage auf, ob diese Analyse auch die Ehe der Silvia M. tangiert habe. So viel läßt sich mit Sicherheit sagen: Diese Frau hat durch intensive Auseinandersetzung in sich Fähigkeiten zu einer bewußten Partnerschaft entwickelt, die sie auch gerne leben möchte. Das wird ihr aber nur möglich sein, wenn auch

der Partner zu einer Entwicklung bereit ist, die ihn seinerseits ebenfalls zu einer Partnerschaft fähig macht. Dann erst ist der Ausdruck «Partnerschaft» gerechtfertigt.
Die Frage nach der Entwicklung der Partnerschaft ist an sich berechtigt; würde sie sich aber bei einem Mann auch so stellen? In unserer Gesellschaft wird die persönliche Entwicklung und Reife einer Frau immer noch daran gemessen, ob und wie sie innerhalb einer Partnerschaft funktioniert, und nicht daran, was sie als eigenständige Persönlichkeit in eine Partnerschaft hineinbringt – schon gar nicht danach, wer sie aus sich heraus als Individuum ist und wie sie als solches ihr Leben bewältigt.

Epilog

Frausein heute

Psychotherapie, insbesondere eine Psychoanalyse, verändert den Menschen. Insofern ist die weitverbreitete Angst davor verständlich. Wer gibt schon gerne durch Jahre hindurch erworbene Verhaltensweisen zugunsten neuer, noch unerprobter auf? Meistens weckt erst ein unerträglicher seelischer oder physischer Leidensdruck, der seine Wurzeln in einem dem Bewußtsein vordergründig nicht erkennbaren Fehlverhalten hat, den Wunsch, vielleicht sogar die Sehnsucht, nach Veränderung.
Durch das Aufdecken der Zusammenhänge zwischen dem jetzigen Leidenszustand und vorausgegangenen Geschehnissen in der eigenen Lebensgeschichte beginnt sich der Mensch, der sich einer Analyse unterzieht, immer besser zu verstehen. Er bekommt einen neuen Zugang zu sich selbst, der es ihm allmählich ermöglicht, sich auch emotional zu akzeptieren. Das setzt Kräfte zur Gestaltung eines ihm gemäßen Lebens frei. Blockierungen in Form von Ängsten, Zwängen, Hemmungen, Schuldgefühlen (zwischen echter Schuld und neurotischen Schuldgefühlen ist klar zu trennen), schlechtem Gewissen, Minderwertigkeitskomplexen, einschränkenden Gesellschaftsnormen und anderes weichen dem Anspruch auf eigenständiges, sinnerfülltes Leben. Aggressionen können immer gezielter zum eigenen Schutz und zur oft notwendigen Abgrenzung eingesetzt werden. Sie werden auf diese Weise zum unerläßlichen Hilfsmittel in der Arbeit am eigenen seelischen Aufbau; sie verlieren dadurch ihre Destruk-

tivität und werden im Gegenteil etwas ausgesprochen Konstruktives.
In der Bezogenheit mit sich selber, wie sie im Lauf einer Analyse allmählich erarbeitet wird, wird der Betroffene nicht nur nach innen, sondern ebenso auch nach außen hin beziehungsfähiger. Die erworbene Fähigkeit zu Selbstkritik und -erkenntnis macht stark und führt zu einem Selbstbewußtsein, das Tabus allmählich fallen lassen kann und immer mehr auf Projektionen verzichtet. Dank der Möglichkeit zur Introspektion wagt der Mensch, der sich auf dem Weg der Bewußtwerdung befindet, die direkte Konfrontation mit der jeweils auftauchenden Schwierigkeit. Er sieht sich nicht aus Schwäche genötigt, diese zu verdrängen, indem er beispielsweise andern die Schuld zuschiebt, das heißt projiziert.
Eine Analyse befreit nicht von Problemen! Sie setzt jedoch seelische Energien frei, die zur Stärkung des Ichs führen. Nur ein in sich gefestigtes Ich kann es wagen, sich auf die Welt einzulassen und seine Kräfte adäquat einzusetzen, um aktiv am Leben teilzunehmen.
Nicht nach jeder Sitzung, auch nicht nach jedem Traum ändert sich sichtbar etwas nach außen hin. Im allgemeinen gehen innere Prozesse dem, was sich schließlich äußerlich manifestiert, zeitlich weit voraus. Neue Erkenntnisse können zwar erst einmal verlorengehen, tauchen dann aber wieder auf und müssen im Analyseverlauf erprobt werden, bis sie als gestaltende Kraft in die neue Art der Daseinsbewältigung des Analysanden eintreten. Das wird erst möglich, wenn der Betreffende Boden unter den Füßen gewonnen hat, so daß er die Auseinandersetzung, die auf Veränderung zielt, wagen kann. Denn der Schritt auf diese innere Freiheit zu, in der allein das gilt, was dem Menschen gemäß ist, setzt innere Sicherheit, das heißt Selbstvertrauen voraus. Dieses gründet auf dem Bezogensein des Ichs mit den anderen Anteilen der eigenen Psyche. Daraus erst erwächst das eigentliche Gefühl für Verantwortung. Verantwortung sich selbst und der Welt gegenüber

wahrnehmen heißt aus der Sicht der Tiefenpsychologie, die seelischen Regungen als solche zu erkennen und ernst zu nehmen und ihnen in der jeweiligen Art bewußter Daseinsgestaltung zu antworten.

So gesehen wird eine Therapie oder Analyse zur Weghilfe beim Einüben und Durchstehen von neuen, dem betreffenden Menschen gemäßen Erkenntnissen. Fehlverhalten, das sich notwendigerweise einstellt, wird durchgesprochen, da man sich selbst in diesem neuen Verhalten, wie es uns beispielsweise in Träumen oder inneren Bildern aufgezeigt wird, noch gar nicht kennt und daher auch noch kein Maß gefunden hat. Denn oft wird ein starker Druck zur Veränderung verspürt, so daß es vorerst einmal gern zu überschießenden Reaktionen kommt. Das Pendel schlägt schnell zu weit aus; es gilt, sich allmählich einzupendeln.

Die verstehende Hilfe des Therapeuten vermindert die anfängliche Gefahr, die neue Einstellung dem eigenen Leben gegenüber wieder fallenzulassen, weil leicht das Gefühl aufkommen kann, doch alles falsch zu machen. Der Lernprozeß des Hinhörens und des Sich-danach-Richtens fordert Ich-Stärke, Selbstvertrauen und Selbstbewußtsein. Neues Verhalten, Neues überhaupt, löst immer auch Angst aus. Damit umzugehen, braucht Mut und oft auch Ermunterung von außen, eben zum Beispiel durch den Therapeuten. Regressionen sind dabei unvermeidlich. Die neue Einstellung zum Leben und zu dessen Gestaltung ist noch so ungewohnt, daß der Betreffende trotz einsichtiger Vernunft vorläufig ausgesprochen verletzbar ist, obwohl die Leiden verursachenden Symptome körperlicher oder psychischer Natur zu Beginn der Therapie längst abgeklungen oder verschwunden sein können. Analytiker oder Therapeut haben im Verlauf der Analyse ausgeprägt stützende Funktion, die es möglich macht, das Neue zu erproben; denn wir lernen nur über Fehler, was leicht zu Resignation und Aufgeben verleitet. Fortschritt ist meistens nur über das Risiko des Fehlverhaltens möglich.

Psychotherapie und Analyse verändern den Analysanden dahingehend, daß er immer mehr Mensch wird. Fehlverhalten, das ihn von sich – und damit auch von einem spontanen Kontakt mit den Mitmenschen – weggeführt, ihn entstellt hat, wird als solches entlarvt. Der Durchbruch des Eigenen gestattet schließlich eine Loslösung vom alten, bisherigen Fehlverhalten. Damit kann die Analyse zu einem Mittel werden, zu sich selbst zu kommen. Sie kann zum Weg werden, der in die innere Freiheit und Unabhängigkeit und gleichzeitig zu größerer Beziehungsfähigkeit führt. Sich davor zu fürchten ist im Grunde genommen schade, weil dadurch eine Chance zu leben verpaßt wird.

Dieser Weg der Bewußtwerdung aufgrund der Analyse des eigenen Unbewußten, wie er exemplarisch am Beispiel der Silvia M. aufgezeichnet worden ist, könnte der Frau von heute dazu verhelfen, aus ihrer jahrhundertealten Abhängigkeit hinauszufinden und endlich sich selbst als ein eigenständiges Wesen zu entdecken.

Immer noch leitet sie sich vom Mann ab, indem sie zum Beispiel all das nicht ist, was er ist; immer noch versteht sie sich nicht aus sich selbst heraus. Sie findet ihre Identität nicht aufgrund ihrer selbst, sondern im Vergleich zum Mann. Diese Abhängigkeit drückt sich sogar in unserer Sprache aus, die das eigenständige Wort «Weib» degradiert hat und sich des vom Mann abgeleiteten Wortes «Frau» bedient. Heißt doch das deutsche Wort «Frau» wörtlich «Herrin»! Es ist die Femininbildung zu «Herr» (der Ehrwürdige): althochdeutsch frouwa, mittelhochdeutsch vrouwe «Herrin» – germanisch frawan, fraujan «Herr» (Kluge, S. 215).

Innerhalb des gesamten deutschen Sprachraumes wird die Frau demnach vom Mann her definiert. Das gilt auch heute noch, denn weder sprachlicher Ausdruck noch kulturelle Auffassung haben sich diesbezüglich geändert. Das Wort «Mann» hieß ursprünglich «Mensch» und galt für männliche wie weibliche Menschen. Das bedeutet also, daß das Wort

«Mann» eigentlich «Mensch» heißt. Eine weibliche Form davon gibt es nicht. Das Wort «Herr» heißt der «Ehrwürdige». Die weibliche Form «Herrin» ist unüblich und wird heute sogar abwertend in einem sado-masochistischen Sinn gebraucht. Das Wort «Frau» ist der Rest des ursprünglichen «Herr»; es gibt nicht einmal ein eigenes Wort für den Begriff «Frau». Denn der Ausdruck «Weib» für «Frau» hat eindeutig pejorativen Charakter. In seiner ursprünglichen Bedeutung (indogermanisch ueip-«drehen», gotisch biwaibjan «umwinden», altnordisch veifa «umwickeln») weist er darauf hin, daß bei den europäischen Indogermanen die Braut verhüllt war und die verheiratete Frau ein Kopftuch zu tragen hatte (Kluge, S. 844).

Mit dem Wort «Dame» wird heute eine gebildete, gepflegte Frau bezeichnet; aber gleichzeitig liegt in diesem Wort etwas höflich Distanziertes, leicht Abwertendes. Einst war es ein fester Titel der Frau in Hof- und Adelskreisen und wurde im 19. Jahrhundert von der bürgerlichen Gesellschaft übernommen. Etymologisch leitet es sich vom lateinischen domina ab und ist erneut eine Femininbildung zu dominus «Hausherr». Das Abschätzige wird noch offenkundiger im Adjektiv «dämlich», das als eine Art Synonym für «dumm» verwendet wird. Etymologisch hat es seine Wurzel in germanisch pem, indogermanisch tam «er wird betäubt, ermattet», lateinisch temulentus «trunken». Der Schritt von «dämlich, dämisch» zu «dümmlich, dumm» ist somit auch sprachgeschichtlich belegt (Kluge, S. 120).

Der jüdische Schöpfungsmythos spricht von einer sekundären Erschaffung der Frau, was im Neuen Testament nochmals erhärtet wird: «Denn der Mann ist nicht aus der Frau, aber die Frau aus dem Mann» (1 Korinther 11,8).

«Schade, daß Sie nicht heiraten», meint ein Beamter einer Schweizer Pensionskasse zu einer Lehrerin, die nach zehnjähriger, erfolgreicher Lehrtätigkeit aus der Kasse auszutreten gezwungen wird, weil sie erneut ein Studium antritt, «sonst

hätten wir Ihnen Ihre einbezahlten Beiträge mit Zinsen zurückerstatten können, so geht es natürlich nur zinslos.»
Die Frau ist in unserem Kulturraum weitgehend entmündigt und teilweise Besitzobjekt des Mannes. Die Rechtfertigung ihrer Existenz besteht in der Hingabe an den Mann; darin wird sogar ein Grundzug weiblicher Natur gesehen. Das ist jedoch eine kulturbedingte Deformation. Die Aufteilung in Mann und Nicht-Mann ist Ausdruck der patriarchalen Grundstruktur, die in unserer Gesellschaft zur Abwertung und Spaltung des Verständnisses und Selbstverständnisses der Frau geführt hat. In der Sprache des Humors legen die zahlreichen Schwiegermutter-Witze ein beredtes Zeugnis ab. Schwiegervater-Witze gibt es kaum. Das macht deutlich, daß auch die verheiratete Frau, sobald sie in ein gewisses Alter eingetreten ist, abgewertet wird. Solange sie infolge ihrer Fruchtbarkeit gebraucht wird, findet sie die entsprechende Beachtung und fließt ihr im allgemeinen Achtung zu. Die Abwertung setzt dann ein, wenn sie nicht mehr sexuell und generativ verwendbar ist. Sie bezieht ihren Wert nicht aus sich, sondern in bezug auf den Mann, womit sie zum Objekt gemacht wird und sich in selbstschädigender Weise selbst dazu macht. Diese Degradierung verhindert eine eigene Entfaltung und Entwicklung und raubt der Frau spätestens in der Lebensmitte den Sinn ihres Lebens.
So sind wir in eine ohnmächtige Position geraten. Dies gilt auch heute noch, besonders weil die meisten Frauen das Patriarchat internalisiert haben, ohne es zu merken. Zudem sind die Frauen von Wertung und Selbstwert her gespalten, in Männerverbündete, die unter Umständen noch mehr Privilegien und weniger äußere Pflichten haben als die Männer selbst (Versorgung, Prestige ohne Eigenarbeit) und in die Unterprivilegierten ohne Mann, die sprachlich mit der Verkleinerungsform (Fräulein) oder als lächerliche Figur (Alte Jungfer, Blaustrumpf, Sitzengebliebene) abgewertet werden.
Gerade in neuester Zeit werden wieder vermehrt konservative

Stimmen laut, wie etwa diejenigen Präsident Reagans oder Papst Johannes Paul II., um nur zwei repräsentative Namen zu nennen, die die Frau auf äußere Schönheit und Muttersein zu reduzieren versuchen gemäß der patriarchalen Auffassung: «Wie viele Kinder ein Weib gebärt, um so viele Stufen kommt es dem Himmel näher.» (Baechtold, S. 1741) Die Reduktion auf «Küche, Kinder, Kirche» wird wieder aktueller.
In unserem Kulturraum existierte vor der Christianisierung bereits einmal eine andere Auffassung von der Frau: «Die Frau als ursprünglich vollkommen gleichberechtigte Gefährtin des Mannes, besonders geeignet zum Dienst am Heiligen, bevorzugt begabt mit dem ‹sechsten Sinn›, der die unsichtbaren Kraftquellen des Lebens sich zu erschließen weiß und zu Weissagung und Schicksalsverkündigung befähigt; besonders begabt auch in der Heilkunst, dem Wetter wie der Erdfruchtbarkeit eng verbunden; dann als Hausfrau Herrin im Hause, dem Gesinde gebietend, über die Aufnahme von Gästen mitentscheidend, für Erfüllung religiöser und sittlicher Pflichten der Sippe Sorge tragend; aber auch am Festgelage teilnehmend, im Rate der Männer gehört, auf Neulandsuche mit ausfahrend, in Schicksalsstunden die Waffen ergreifend und bisweilen zu politisch leitender Stellung erhoben: Das ist die altgermanische Frau in der Zeit vor dem Glaubenswechsel.» (Baechtold, S. 1734)
Das Christentum ließ die Frau zur «Evastochter», das heißt zur Mutter der Sünde werden; sie wurde zum Menschen zweiter Ordnung, zum notwendigen Übel, zum bösen Prinzip schlechthin degradiert. Die scheinbare Kompensation im mittelalterlichen Minnesang und in der Vergötterung Marias ist möglicherweise ein Versuch, das Gewissen zu beruhigen, hat die Frau aber ebenso daran gehindert, ein dem Mann ebenbürtiger, gleichwertiger Mensch zu sein. Erniedrigung wie Erhöhung sind Feinde einer eigenständigen Entwicklung.
Wo ist also das Fundament, auf dem basierend Frausein heute realisiert werden könnte?

Voraussetzung dafür ist in erster Linie eine Bewußtwerdung ihrer eigenen Fähigkeiten und Möglichkeiten. Dazu ist zuerst einmal der Weg der Besinnung auf sich selbst, also der Weg nach innen nötig. Erst die innere Veränderung schafft ein tragfähiges Fundament, von dem aus bewußt und wirksam eine äußere Veränderung vollzogen werden kann. Wir Frauen müssen erst einmal selbst zu unseren seelischen Kräften vorstoßen, um vor uns selbst die Argumente der Seelenlosigkeit der Frau zu entkräften. Wir müssen selbst unsere geistigen und seelischen Fähigkeiten entdecken und im Einsatz fördern, um die «Unlogik der Frauen», und den Paulus-Satz «Der Mann ist des Weibes Haupt» (1 Korinther 11,3) zu entlarven.

Die Lage der Frau ist heute immer noch von Grund auf durch Klischees bestimmt, die dem Anspruch des Mannes, im alleinigen Besitz des Primats zu sein, entstammen. Sie ist weitgehend durch Pflichten und Vorurteile eingegrenzt; es bleibt ihr nur ein kleines Areal, in dem sie sich frei bewegen darf. Vielleicht ist das eine kleine Mietswohnung? Vielleicht ein großer Garten mit «Hecke» und Gemüsebeeten und Blumen? Vielleicht ein kleinere, un- oder minderbezahlte soziale Tätigkeit? Vielleicht großartige Repräsentationspflichten für den Mann? Eine Art Abgrenzung unfruchtbarer Felder, eine Einschränkung durch Normen und Strukturen wird von außen und, weil internalisiert, aber auch von vielen Frauen selber gesetzt und als von der Natur her gegeben akzeptiert. Voraussetzung dafür ist die Annahme mangelnder Fähigkeiten und minderer Begabungen des weiblichen Geschlechts.

Wenn eine Frau aus diesem Normengefüge ausbricht, sich die Freiheit zugesteht, ihre Entwicklung und damit ihr Schicksal gemäß ihren inneren Bedürfnissen selbst zu bestimmen, gilt sie als nicht konform. Es wird mit allen Mitteln versucht, sie lächerlich zu machen und als Emanze zu beschimpfen; sie wird als Feministin, Sufragette oder Blaustrumpf, auf alle Fälle als unweiblich und aggressiv abgelehnt.

Diesen Vorurteilen wird eine Frau erst dann standhalten können, wenn sie eine entsprechend tragfähige Beziehung zu sich selbst gefunden hat, die es ihr ermöglicht, sich von der Abwertung durch noch unfreie Frauen oder durch an den Primatsanspruch gefesselte Männer zu befreien. Denn viele Männer sind ja durch Kultur und Erziehung genauso festgelegt, kritiklos und unfrei wie viele Frauen. Die Frau muß sich von eingrenzenden Normen und Strukturen lösen. Sie muß die Entscheidungsfreiheit und Verantwortlichkeit finden, die zur inneren und äußeren Freiheit führen. Erst dann wird echtes Menschsein und damit wirkliches Frausein möglich. Dies würde nicht Chaos, sondern vielmehr eine dem Menschen würdige, weil im Innern verankerte Ordnung bedeuten. Die Freiheit und damit die Hinwendung zur eigentlichen, weil dem Menschen gemäßen Ordnung beginnt mit dem Entschluß zur Veränderung. Dann folgt ein oft langes und schwieriges Suchen des eigenen Weges, das aktive Suchen eigener innerer Werte und Kräfte, das heißt die Mobilisierung des Selbst-bewußt-Seins.
Es ist immer fruchtbar und konstruktiv, sich von der Angst in der Unfreiheit loszusagen. Erst wenn die Angst vor der Freiheit überwunden ist, können wir auf die Suche nach den eigenen Werten gehen. Die eigene Freiheit und innere Ordnung zu finden und damit etwas Wesentliches zu besitzen, schafft Substanz, die bewirkt, daß Frauen – Menschen überhaupt – nicht mehr manipulierbar sind. Erst dann werden Frauen und Männer Partner sein können, und wir Frauen haben uns dann die Möglichkeit geschaffen, verändernd nach außen zu wirken.
Frausein heißt also: Menschsein.

Literatur

Andersch, Alfred: Hohe Breitengrade, Diogenes Verlag, Zürich 1969

Bächtold-Stäubli, Hanns (Hrsg.): Handwörterbuch des Deutschen Aberglaubens, 10 Bde., Berlin und Leipzig 1942

Bibel: Das Neue Testament, übersetzt von C. Weizsäcker, Freiburg 1888

Chevalier, Jean/Gheerbrant Alain: Dictionnaire des Symboles, Ed. Seghers et Ed. Jupiter, Paris 1973

Eliade, Mircea: Das Heilige und das Profane. Vom Wesen des Religiösen, rororo 31, Hamburg 1957

Goethe, Johann Wolfgang von: Gedankenlyrik/Westöstlicher Diwan, Birkhäuser, Basel 1944

Grimms Kinder- und Hausmärchen (KHM), Diederichs, Köln 1982

Hesse, Hermann: Die Gedichte. st 381 © Suhrkamp Verlag, Frankfurt am Main 1977

Hirschberg, Walter: Wörterbuch der Völkerkunde, Kröner, Stuttgart 1965

Jüdische Märchen, hrsg. von Israel Zwi Kanner, © Fischer Taschenbuch Nr. 1759, Frankfurt 1976

Jung, Carl Gustav: Gesammelte Werke, Walter, Olten 1971 ff.

ders.: Die Beziehungen zwischen dem Ich und dem Unbewußten, Ges. Werke Bd. 7; Grundwerk, Olten 1984, Bd. 3

ders.: Einleitung in die religionspsychologische Problematik der Alchemie, Ges. Werke Bd. 12; Grundwerk, Olten 1984, Bd. 5

ders.: Erinnerungen, Träume, Gedanken von C. G. Jung. Aufgezeichnet und herausgegeben von Aniela Jaffé, Walter, Olten 1971; Sonderausgabe 1984

Jung C. G. – Wilhelm Richard: Das Geheimnis der Goldenen Blüte, Walter, Olten 1971

Kerényi, Karl: Über Ursprung und Gründung in der Mythologie. In: Jung/Kerényi: Einführung in das Wesen der Mythologie, Rhein-Verlag, Zürich 1951

Kluge, Friedrich: Etymologisches Wörterbuch der Deutschen Sprache, Walter de Gruyter, Berlin 1975

Lurker, Manfred: Wörterbuch der Symbolik, Kröner, Stuttgart 1979

Otto, Rudolf: Das Heilige, Beck, München 1971
Rilke, Rainer Maria: Der ausgewählten Gedichte erster Teil, Insel-Bücherei, Wiesbaden 1954
Schliephacke, Bruno P.: Bildersprache der Seele. Lexikon zur Symbolpsychologie, Telos, Berlin 1970
Storm, Theodor: Gedichte, Märchen, Novellen, Standard, Hamburg 1958